エコアンダリヤの
インテリアクロッシェ

誠文堂新光社

はじめに

エコアンダリヤは、
木材パルプから生まれた再生繊維です。
ラフィアのようなナチュラルな風合いが特徴で、
バッグや帽子を編む素材として人気の糸です。

本書では、エコアンダリヤで作った
かぎ針編み（クロッシェ）のインテリア小物を提案。
クッションやバスケットなどの定番アイテムや
迫力のあるアニマルトロフィー、編みぐるみなど
日常使いの雑貨から部屋に飾るものまで
バラエティに富んだ作品を取り揃えました。

本書のアイデアをヒントにして
部屋を彩る小物を作ってみてください。
おうちや仕事場など、長時間を過ごす場所を
好みのインテリアでコーディネートしましょう。

＜エコアンダリヤについて＞
掲載作品はすべてハマナカの糸「エコアンダリヤ」で編んでいます（一部他の糸
も使用）。エコアンダリヤは、木材パルプから生まれた天然素材（再生繊維・レー
ヨン）を使用しています。水にぬれると強度が落ちるため、水洗いはできません。
作品が汚れた場合は、かたく絞ったタオルなどで拭き取ることをおすすめします。
尚、ドライクリーニングは可能です。エコアンダリヤは、編み進めるうちに編み
地がうねることがあります。その場合は、仕上げにスチームアイロンを２〜３cm
程度離してかければ形が整います。はっ水、防汚予防のため、作品の完成後に「エ
コアンダリヤ専用はっ水スプレー」の使用をおすすめします。

CONTENTS

● 本書の作品は、ハマナカ エコアンダリヤを使用しています。
● 掲載材料の表示内容は 2024 年4月のものです。
● 印刷物のため、作品の色が現物と異なる場合があります。
　ご了承ください。

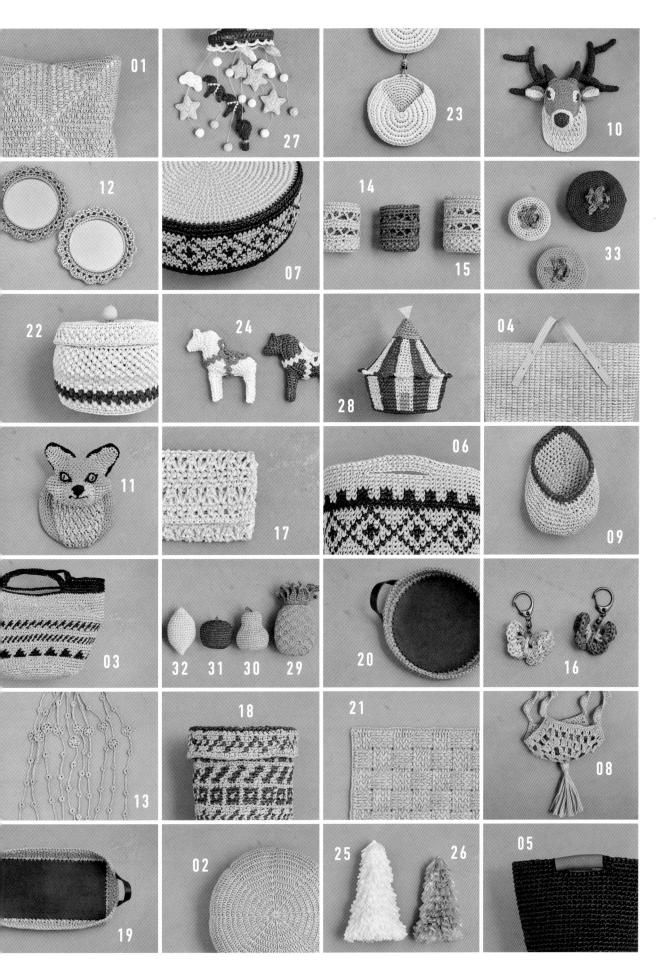

item 05

item 06

01. 四角いクッション

モチーフ8枚をつなげて作るクッション。透かし模様が涼やかで、初夏のインテリアにぴったりです。

[HOW TO MAKE P.40]
DESIGN ミドリノクマ

02. 丸いクッション

わの作り目から目数を増やしながら大きな円に仕上げます。段数を増やしたり減らしたりすれば、サイズ調整できます。

[HOW TO MAKE P.41]
DESIGN ミドリノクマ

item
01

item
02

item
03

item
04

03.
半分にたためるかご

持ち手のついた上半分を内側
に折りたためるかご。収納場
所や収納する物によって2通
りの使い方が楽しめます。

[HOW TO MAKE P.42]
DESIGN ミドリノクマ

04.
ネットに編みつける
バスケット

ネットを土台にして、引き抜
き編みで編みつけます。持ち
手はネジ式のカシメでつけて
いるので、長さや向きを変え
ればバッグとして使えます。

[HOW TO MAKE P.44]
DESIGN Riko リボン

05.
革の持ち手の
プランターカバー

やや小さめの6〜7号鉢に
おすすめのサイズ。どんな
部屋にも合う黒一色のシン
プルさと持ち手のレザーが
おしゃれです。

[HOW TO MAKE P.46]
DESIGN Miya

item
0

item
05

06.
エスニック調の
プランターカバー

9〜10号鉢にぴったりなサイズ。
ベージュと黒で仕上げたエスニッ
ク模様が特徴で、**07.** のフロアクッ
ションとお揃いです。

[HOW TO MAKE P.47]
DESIGN Miya

07.
エスニック調の
フロアクッション

土台は直径 40cm の低反発ウレ
タン。座面はアクリル糸、側面
は 3 本どりのエコアンダリヤで
しっかり編み込んでいます。

[HOW TO MAKE P.50]
DESIGN Miya

08.
スパイラル
プラントハンガー

四角いモチーフ編みの4隅に
ひもをつけて吊るすタイプ。
らせん状に編んだ4本のひも
とタッセルがポイントです。

[HOW TO MAKE P.52]
DESIGN 小鳥山いん子

item
08

09.
しずく型のプラントハンガー

しずくのような形が特徴的なかご。葉が
垂れ下げるタイプのグリーンはもちろん、
小物入れとしても使えます。

[HOW TO MAKE　P.50]
DESIGN　小鳥山いん子

item
10

14

10.
トナカイの
アニマルトロフィー

いくつものパーツで組み立てた
迫力のあるトナカイの壁飾り。
大きな角は、中にネットを仕込
んで自立させています。

[HOW TO MAKE P.54]
DESIGN 小鳥山いん子

11.
キツネの
アニマルトロフィー

キツネのリアルな顔が特徴的な
壁飾り。綿を入れずに立体感を
出すために、細かく編み分けて
います。

[HOW TO MAKE P.60]
DESIGN 小鳥山いん子

item
11

18

12.
フリル付きミラー A・B

光沢のあるブライトカラーの糸で可憐なフリルを施した壁掛けミラー。シンプルな壁を華やかに彩ります。

[HOW TO MAKE P.49]
DESIGN Riko リボン

A

B

item
12

13.
丸モチーフと
ビーズののれん

丸モチーフをあしらったのれんにビーズを通して重さを出しています。風で揺れるとビーズ同士がぶつかって涼やかな BGM に。

[HOW TO MAKE P.64]
DESIGN ミドリノクマ

item
13

19

14.
ガラスボトルカバー
小 A・B

直径 6.5cm と 6.8cm のボトルにぴっ
たりなカバー。サイズの合う空きび
んでも代用できます。

[HOW TO MAKE P.66]
DESIGN Miya

item 14

A

item
15

15.
ガラスボトルカバー
大

直径 8.5cm のボトルに合う少し大き
めのカバー。植物だけでなく、普段
よく使うツール入れにもおすすめ。

[HOW TO MAKE P.66]
DESIGN Miya

16.
チョウチョの
キーホルダー A・B

チョウチョをモチーフにした
立体的なキーホルダー。裏側
にピンをつければブローチに
もなります。余り糸の活用法
としてもおすすめ。

[HOW TO MAKE P.53]
DESIGN 小鳥山いん子

17.
ポケット
ティッシュカバー

ポケットティッシュ用の
カバー。フラップ付きで
中が見えず、スマートに
持ち歩けます。

[HOW TO MAKE P.68]
DESIGN ミドリノクマ

[HOW TO MAKE　P.65]

18.
トイレットペーパーケース

エスニック調の編み込み模様が印象的
なトイレットペーパー専用のケース。
ふたの中央に空いた穴から、スムーズ
に紙を取り出せます。

DESIGN　河合真弓

item
18

item 15

23

item
20

item
19

item **22**

item

21

19.20.
レザー底のトレー
角底・丸底

バッグ底用のレザーを代用。安定感があるので小物類を入れやすく、収納する物のサイズによって段数を調整して高さを変えることもできます。

[HOW TO MAKE P.70]
DESIGN Miya

21.
ネットに編みつける
フリーマット

ネットに引き抜き編みを編みつけ、格子状に組み立てます。適度な厚みがあり、形もきれいなので、用途の幅が広がります。

[HOW TO MAKE P.68]
DESIGN Riko リボン

22.
ウッドビーズの
ふた付き小物入れ

たっぷり収納できる大きめサイズ。
ふたに付けたウッドビーズと、編
み込み模様に使った異素材の糸が
アクセントです。

[HOW TO MAKE P.72]
DESIGN Riko リボン

item
22

23.
丸モチーフの壁掛け小物入れ

ぐるぐると丸く編んだモチーフをポケットに。
いくつか連結したり、横に並べたり、ひもの
長さを変えたり、アレンジを楽しめます。

[HOW TO MAKE　P.74]
DESIGN　Riko リボン

24.
ダーラナホースの
編みぐるみ A・B

スウェーデン発祥の木彫りの
工芸品を編みぐるみで再現。
隅々までしっかり綿を詰める
ときれいに自立します。

[HOW TO MAKE P.76]
DESIGN andeBoo

25.26.
ドレスアップツリー

リングこま編みをアレンジしてツ
リーに見立てています。クリスマ
スの飾りとしてもおすすめです。

[HOW TO MAKE P.78]
DESIGN andeBoo

item
27

27.
ハンギングメリー

メリーゴーラウンドのような傘に、
ひもに通したモチーフをバランス
よく吊るしたアイテム。子供部屋
に飾りたくなるかわいらしさです。

[HOW TO MAKE P.82]
DESIGN andeBoo

28.
サーカス小屋の小物入れ

サーカスのテントをイメージしたふた
付きの小物入れ。ユニークなフォルム
とコントラストの強い配色はインパク
ト抜群です。

[HOW TO MAKE P.80]
DESIGN Miya

item **29**　item **30**　item **31**　item **32**

33.
トマトの重ねかご
大・中・小

マトリョーシカのように、入れ子
にしてぴったり重ねて収納できる
トマト型のかご。小物入れとして
も置物としても目を引きます。

[HOW TO MAKE P.90]
DESIGN 小鳥山いん子

item **33**

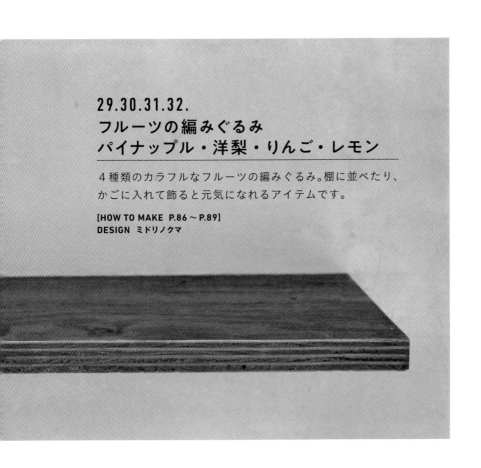

29.30.31.32.
フルーツの編みぐるみ
パイナップル・洋梨・りんご・レモン

4種類のカラフルなフルーツの編みぐるみ。棚に並べたり、
かごに入れて飾ると元気になれるアイテムです。

[HOW TO MAKE P.86 ～ P.89]
DESIGN ミドリノクマ

大 　　　　　　　　中 　　　　　　　　小

四角いクッション [P.7]

[糸] ハマナカ エコアンダリヤ ベージュ (23) 235g
[針] かぎ針7/0号、とじ針
[その他] ヌードクッション (40cm角) 1個
[ゲージ] モチーフ＝20cm角
[仕上がりサイズ] 図参照

〈でき上がり図〉

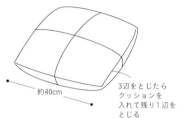

約40cm

3辺をとじたら
クッションを
入れて残り1辺を
とじる

[作り方]

①モチーフを編む。わの作り目をし、模様編みで7段目まで編む。

②モチーフを8枚編んだら、4枚ずつをそれぞれ巻きかがりでつなげる。

③モチーフ4枚をつなげた2枚を外表に重ね、3辺をこま編みでつなぐ。
　クッションを入れ、続けて残り1辺も同様につなぐ。

〈モチーフ〉(8枚)

20cm

外表に重ねて
外側半目拾ってこま編み

外表に重ねて
外側半目を巻きかがり

∨ ＝ こま編み2目編み入れる

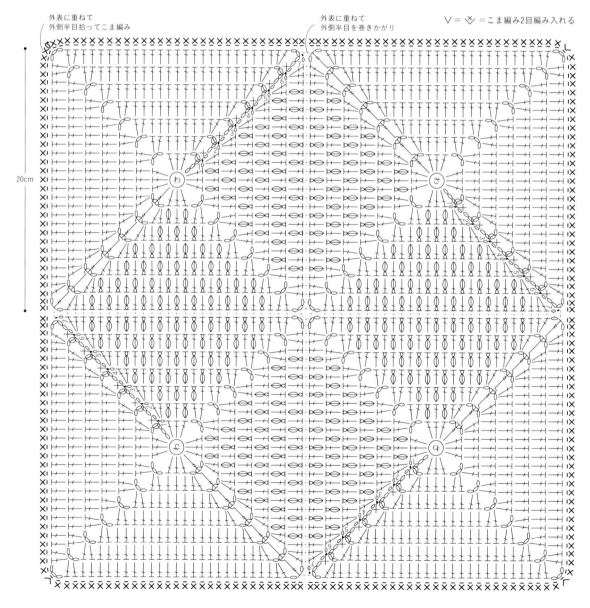

HOW TO MAKE. 02

丸いクッション [P.7]

[糸] ハマナカ エコアンダリヤ
　　 ベージュ(23) 160g

[針] かぎ針7/0号、とじ針

[その他] ヌードクッション(直径40cm) 1個

[ゲージ] 長編み18目7段＝10cm

[仕上がりサイズ] 図参照

[作り方]

①モチーフを編む。わの作り目に長編み
　を16目編み入れ、14段目まで編む。

②モチーフを2枚編んだら、外表に重ね
　て周りをこま編みでつなぐ。半分程度
　つなげたらクッションを入れ、同様に
　残りもつなぐ。

〈モチーフ〉(2枚)

外表に重ねてこま編み

約20cm
(14段)

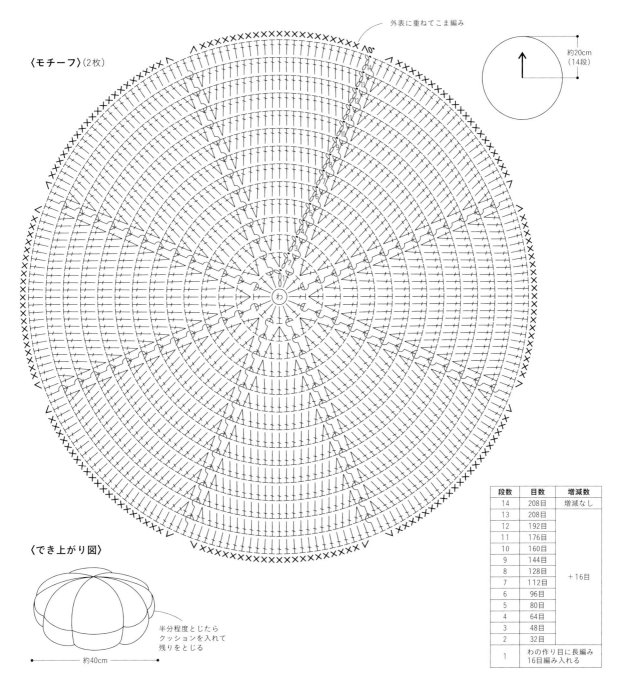

〈でき上がり図〉

半分程度とじたら
クッションを入れて
残りをとじる

← 約40cm →

段数	目数	増減数
14	208目	増減なし
13	208目	+16目
12	192目	
11	176目	
10	160目	
9	144目	
8	128目	
7	112目	
6	96目	
5	80目	
4	64目	
3	48目	
2	32目	
1	わの作り目に長編み16目編み入れる	

HOW TO MAKE. 03

半分にたためるかご [P.9]

[糸] ハマナカ エコアンダリヤ
　　ベージュ(23) 110g、黒(30) 28g
[針] かぎ針7/0号、とじ針
[ゲージ] 模様編み18目15.5段＝10cm
[仕上がりサイズ] 図参照

[作り方]
①底を編む。わの作り目にこま編みを7目編み入れ、19段目まで編む。

②側面を編む。底から続けてすじ編みの編み込みで編み図のとおりに配色しながら48段目まで編む。

③持ち手を編む。49段目の途中でくさり編みをしながら持ち手を編む。

〈底〉ベージュ

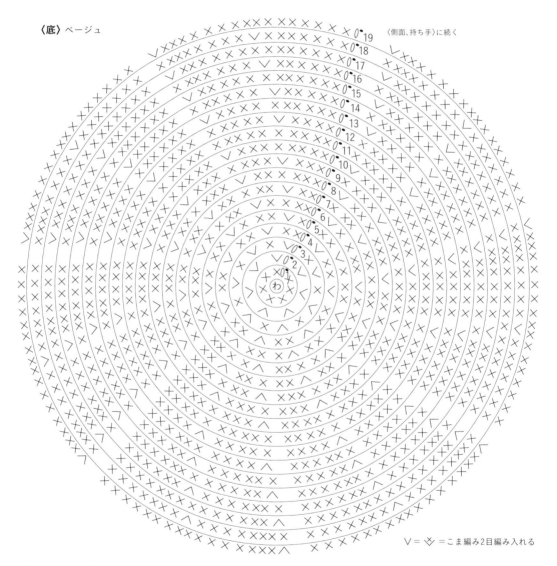

〈側面、持ち手〉に続く

∨ = ＼∠ ＝こま編み2目編み入れる

〈でき上がり図〉

20cm

24cm

段数	目数	増減数
9	63目	
8	56目	
7	49目	
6	42目	+7目
5	35目	
4	28目	
3	21目	
2	14目	
1	わの作り目にこま編み7目編み入れる	

段数	目数	増減数
19	126目	
18	119目	
17	112目	
16	105目	+7目
15	98目	
14	91目	
13	84目	
12	77目	
11	70目	増減なし
10	70目	+7目

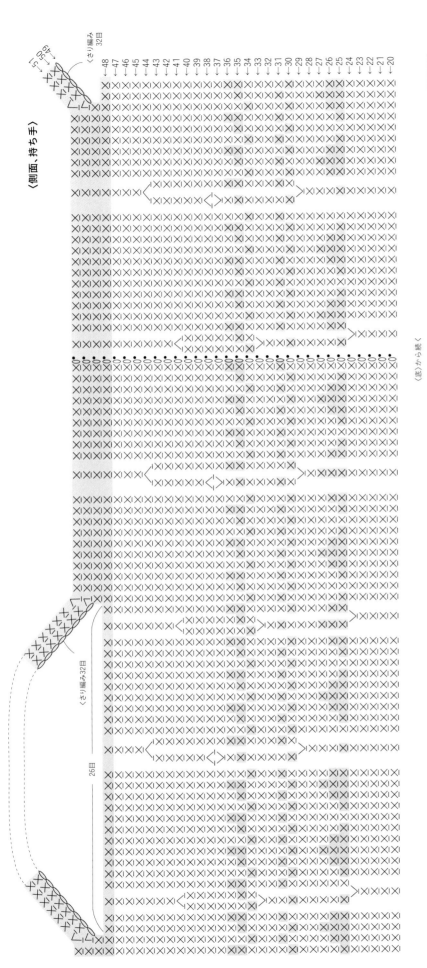

〈側面、持ち手〉

〈底〉から続く

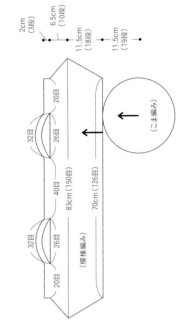

段数	目数	増減数
51	136目	−4目
50	140目	−4目
49	144目	図参照
45～48	132目	増減なし
44	132目	−6目
42,43	138目	増減なし
41	138目	−6目
39,40	144目	増減なし
38	144目	−6目
37	150目	+6目
34～36	144目	増減なし
33	144目	+6目
30～32	138目	増減なし
29	138目	+6目
25～28	132目	増減なし
24	132目	+6目
20～23	126目	増減なし

■ =黒
□ =ベージュ
V =✕ =こま編み2目編み入れる
∧ =⌄ =こま編み2目一度

ネットに編みつけるバスケット [P.9]

[糸] ハマナカ エコアンダリヤ ベージュ (23) 95g

[針] かぎ針8/0号、とじ針

[その他] ハマナカ あみあみファインネット(H200-372-4) ベージュ1枚、
本革テープ(1cm幅)ベージュ 8cm、本革テープ(2cm幅)ベージュ100cm、
ねじ式カシメ(頭径9mm 軸径4mm 長さ8mm)ゴールド 4個、
穴あけポンチ(穴径4mm)、カナヅチ

[仕上がりサイズ] 図参照

[作り方]

① 〈ネット図〉のようにネットから必要パーツを切り出す。側面の2枚を図1のように組み立て、両端を1マス重ねてテープやひも、ネット固定パーツなどで仮どめする。

② 底面を編む。P.45 の〈底〉を参照し、①の底面に編みつける(〈ネットの編みつけ方〉参照)。

③ 側面・バッグ口を編む。P.45 の〈側面〉を参照し、①の側面に編みつける。続けてバッグ口を編む。

④ 側面と底面を合わせる。側面の底側に糸を付け、底側の縁編みを編む。2段目は側面と底面を外表に合わせて編む。

⑤ 持ち手を作る(〈持ち手〉〈補強用テープ〉参照)。持ち手用、補強用それぞれの本革テープに穴あけポンチで穴をあける(P.71〈カシメのとめ方〉①参照)。〈でき上がり図〉の持ち手取り付け位置に補強用テープ(1cm幅)とねじ式カシメを取り付け、持ち手を付ける。

*ねじ式カシメを取り付けるとき、持ち手の穴の位置を変えると、長さや向きが変えられます。

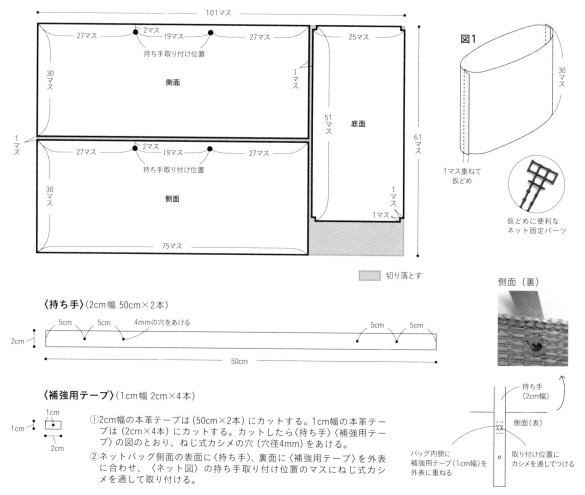

〈ネット図〉

101マス
27マス / 2マス / 19マス / 27マス
持ち手取り付け位置
30マス
側面
1マス
27マス / 2マス / 19マス / 27マス
持ち手取り付け位置
30マス
側面
75マス

25マス
1マス
51マス
底面
61マス
1マス
1マス

図1
30マス
1マス重ねて仮どめ
仮どめに便利なネット固定パーツ

切り落とす

〈持ち手〉(2cm幅 50cm×2本)
5cm / 5cm / 4mmの穴をあける / 5cm / 5cm
2cm
50cm

〈補強用テープ〉(1cm幅 2cm×4本)
1cm
1cm
2cm

①2cm幅の本革テープは(50cm×2本)にカットする。1cm幅の本革テープは(2cm×4本)にカットする。カットしたら〈持ち手〉〈補強用テープ〉の図のとおり、ねじ式カシメの穴(穴径4mm)をあける。

②ネットバッグ側面の表面に〈持ち手〉、裏面に〈補強用テープ〉を外表に合わせ、〈ネット図〉の持ち手取り付け位置のマスにねじ式カシメを通して取り付ける。

側面（裏）

持ち手(2cm幅)
側面(裏)
側面(表)
バッグ内側に補強用テープ(1cm幅)を外表に重ねる
取り付け位置にカシメを通してつける

〈底〉　編み始めから引き抜きで編む。
　　　糸を付けて縁編みを編む。引き抜きの目をよけてネットのみ拾う。

▷ =糸を付ける
◀ =糸を切る

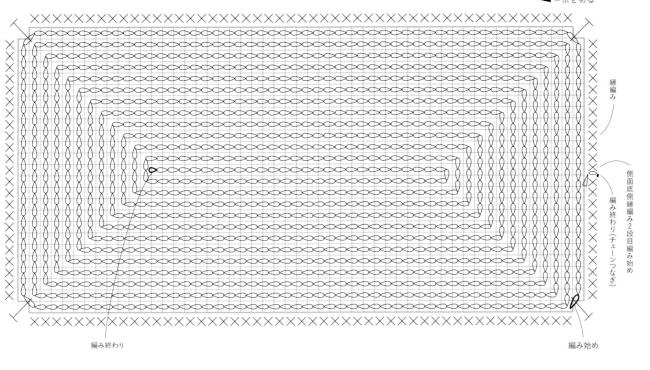

編み終わり

縁編み

側面底側縁編み2段目編み始め

編み終わり（チェーンつなぎ）

編み始め

〈側面〉

編み始めから引き抜き
で編み、続けて入れ口
側の縁編みを編む。糸
をつけ、底側の縁編み
を編む。2段目は底面を
外表に合わせて底面の
縁編みの目を一緒に拾
い編む。

（入れ口側）
ネット重なり部分
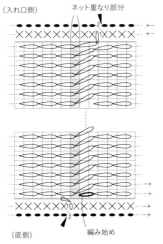
（底側）
編み始め

〈でき上がり図〉

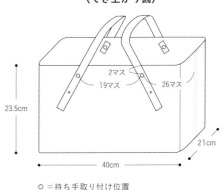

2マス
19マス
26マス

23.5cm

21cm

40cm

○＝持ち手取り付け位置

ネット編み 解説動画一覧

〈ネットの編みつけ方〉※右のQRコードから動画を見ることができます。

① わを作り、ネットの下から
　裏面に置く。ネットの表面
　からかぎ針を入れて糸を引
　き出す。

② 次のマス目に針を入れ、糸
　をかける。

③ 糸を引き出し、最初の目に
　引き抜き編みが1目編めた
　ところ。

④ ②、③を繰り返す。

革の持ち手のプランターカバー [P.10]

[糸] ハマナカ エコアンダリヤ 黒(30) 250g

[針] かぎ針8mm、とじ針

[その他] ソフトシュリンクレザー キャメル 7.5×9cm 2枚、
縫い糸(革用) 白、菱目打ち、ハンマー、縫い針(革用)

[ゲージ] こま編み10目10段＝10cm

[仕上がりサイズ] 図参照

[作り方]

糸は3本どりで編みます。

①底を編む。わの作り目にこま編みを7目編み入れ、
10段目まで編む。

②側面を編む。底から続けて11段目のみこま編みの
すじ編みをし、35段目まで編む。

③〈持ち手〉を参照し、持ち手の内側を一周引き抜き編
みをする。スチームアイロンをかけ、形を整える。

④〈縫い穴のあけ方〉を参照し、レザーの長辺両端に菱
目打ちとハンマーで縫い穴を18個ずつあける。

⑤〈持ち手の付け方〉を参照し、レザーを持ち手にくる
み、縫い針で往復縫い(並縫いで往復する)で縫い
付ける。

＊厚く硬いレザーには針が通らないので、菱目打ちとハンマーで
針穴をあけます。

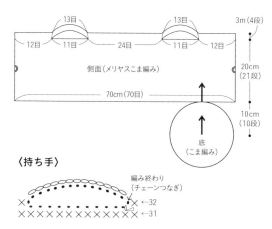

〈持ち手〉

31段目のこま編みの頭目と32・33目のくさり
の残り半目を拾って、一周引き抜き編みをする

〈側面〉

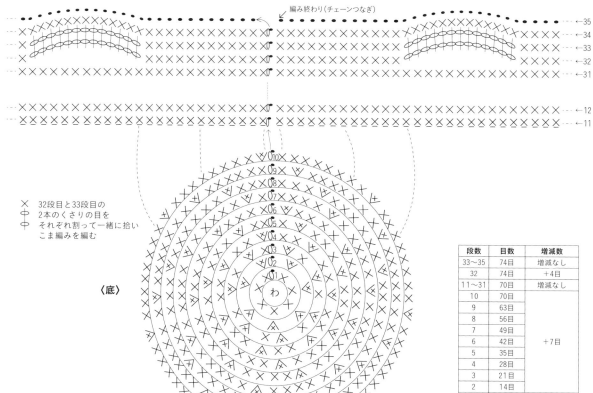

× 32段目と33段目の
2本のくさりの目を
それぞれ割って一緒に拾い
こま編みを編む

〈底〉

段数	目数	増減数
33〜35	74目	増減なし
32	74目	＋4目
11〜31	70目	増減なし
10	70目	
9	63目	
8	56目	
7	49目	
6	42目	＋7目
5	35目	
4	28目	
3	21目	
2	14目	
1	わの作り目にこま編み 7目編み入れる	

〈縫い穴のあけ方〉

安定した台の上で作業をする。
ゴム板などを置き、菱目打ちを
ハンマーで叩き、レザーの両端
に穴をあける。

〈持ち手の付け方〉

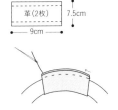

革(2枚)　9cm　7.5cm

①革の右端の内側から針を入
れて外側に出し、右端を2
枚重ねて2回縫い合わせ、
続けて並縫いをする。

②左端も2枚重ねて2回
縫い合わせ、逆方向
に並縫いをする。

〈でき上がり図〉

9cm
23cm
70cm
20cm

HOW TO MAKE. 06
エスニック調のプランターカバー [P.11]

[糸] ハマナカ エコアンダリヤ ベージュ(23) 480g、黒(30) 130g
[針] かぎ針8mm、とじ針
[ゲージ] こま編み10目10段＝10cm
[仕上がりサイズ] 図参照

[作り方]
糸は3本どりで編みます。
①底を編む。わの作り目にこま編みを7目編み入れ、14段目まで編む(P.48参照)。
②側面を編む。底から続けて15段目はこま編みのすじ編みをし、16段目からは
　メリヤスこま編みで編み図のとおりに配色しながら49段目まで編む(P.48参照)。
③持ち手を編む。50段目の途中でくさり編みをしながら持ち手を編む。持ち手の
　内側を一周引き抜き編みをする。
④スチームアイロンをかけ、形を整える。

〈でき上がり図〉

105cm
33cm
99cm
30cm

編み込み模様で糸を
編みくるむ分、同じ
目数でも大きくなる

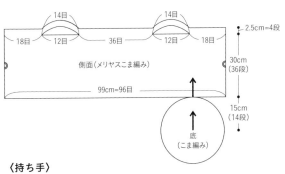

14目　14目
18目　12目　36目　12目　18目
側面(メリヤスこま編み)
99cm＝96目
2.5cm＝4段
30cm
(36段)
15cm
(14段)
底
(こま編み)

〈持ち手〉

編み終わり
(チェーンつなぎ)
←50
←49

49段目のこま編みの頭目と50段目のくさりの
残り半目を拾って、一周引き抜き編みをする

〈側面〉

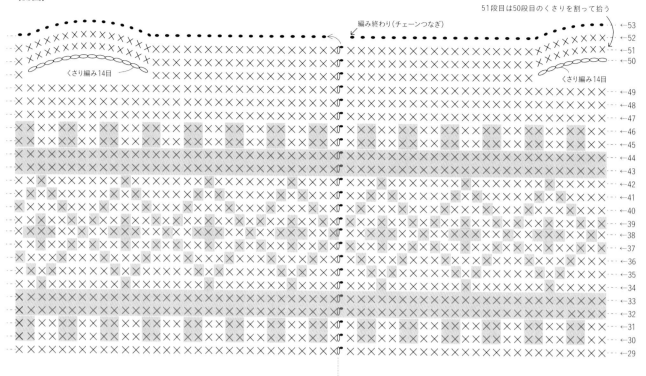

51段目は50段目のくさりを割って拾う

編み終わり（チェーンつなぎ）

くさり編み14目

くさり編み14目

←53
←52
←51
←50
←49
←48
←47
←46
←45
←44
←43
←42
←41
←40
←39
←38
←37
←36
←35
←34
←33
←32
←31
←30
←29

←16
←15

〈底〉

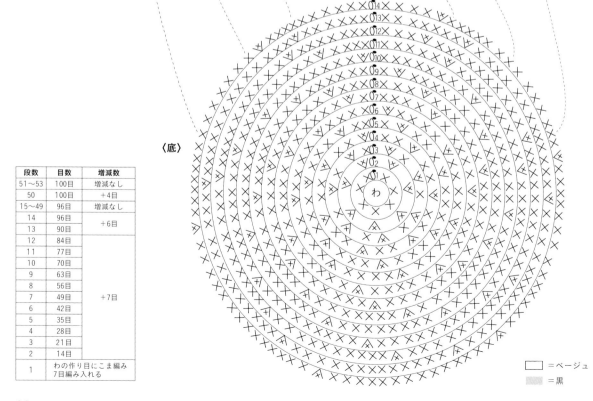

段数	目数	増減数
51～53	100目	増減なし
50	100目	＋4目
15～49	96目	増減なし
14	96目	＋6目
13	90目	
12	84目	
11	77目	
10	70目	
9	63目	
8	56目	
7	49目	＋7目
6	42目	
5	35目	
4	28目	
3	21目	
2	14目	
1	わの作り目にこま編み 7目編み入れる	

▭ ＝ベージュ

▨ ＝黒

48

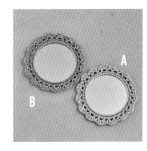

HOW TO MAKE. 12

フリル付きミラー A・B [P.19]

[糸] ハマナカ エコアンダリヤ A：プラチナ（174）40g　B：ゴールド（170）40g

[針] かぎ針7/0号（本体 2本どり）、5/0号（ひも 1本どり）、とじ針

[その他] メタルリング（外径14cm 線径3mm） A：シルバー1個
　　　　 B：ゴールド 1個、ミラー（直径15cm）各1個

[ゲージ] こま編み（2本どり 7/0号針）13目13段＝10cm

[仕上がりサイズ] 図参照

[作り方]

糸は本体は2本どり、ひもは1本どりで編みます。

①裏面を編む。わの作り目にこま編みを6目編み入れ、10段目まで編む。

②表面を編む。メタルリングにこま編みを60目編む。2段目は①を外表に合わせてこま編みでつなぎ、半分程度編んだらミラーを間に入れ、続けて4段目まで編む。

③壁かけ用のひもを付ける。くさり編みを10目編み、裏面のひも付け位置に通し、編み始めと編み終わりの糸を固結びする。

〈裏面〉7/0号針 2本どり

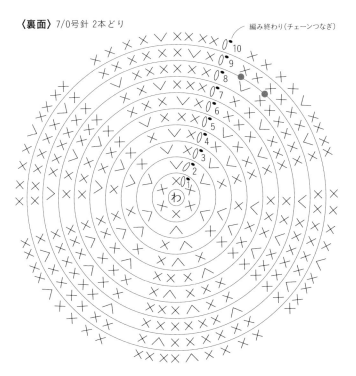

編み終わり（チェーンつなぎ）

段数	目数	増減数
10	60目	
9	54目	
8	48目	
7	42目	
6	36目	+6目
5	30目	
4	24目	
3	18目	
2	12目	
1	わの作り目にこま編み6目編み入れる	

∨ ＝ ＝こま編み2目編み入れる

● ＝ひも付け位置

〈壁かけ用ひも〉5/0号針 1本どり

くさり編み10目

ひも付け位置に通し
糸端同士を固結びする

〈表面〉7/0号針 2本どり

◁ ＝糸を付ける

編み終わり
（チェーンつなぎ）

メタルリング

1段目はメタルリングから拾う。
2段目は表面と裏面を外表に合わせて
表面側を見ながら重ねて編む
（半分編んだらミラーを間に入れて編む）

〈でき上がり図〉

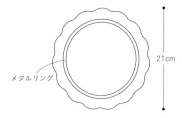

メタルリング

21cm

段数	目数	増減数
4	15模様	
3	30模様	
2	60目	増減なし
1	リングからこま編み60目編み入れる	

HOW TO MAKE. 09
しずく型のプラントハンガー [P.13]

[糸] ハマナカ エコアンダリヤ
　　　ベージュ(23) 60g、チェリー(37) 15g
[針] かぎ針10/0号、とじ針
[ゲージ] こま編み11目13段=10cm
[仕上がりサイズ] 図参照

[作り方]

糸は2本どりで編みます。

①底を編む。わの作り目にこま編みを6目編み
　入れ、8段目まで編む。

②側面を編む。底から続けて20段目まで編む。

③ハンドルを編む。側面から続けてくさり編み
　を18目編み、こま編みを22目編み入れる。

〈側面〉

ハンドル
くさり18目

くさり編みを編みくるみ
1目めのこま編みに編み入れる

〈でき上がり図〉

8.5cm

25cm

14cm

〈底〉

◀=糸を切る　　　　　　　　　←=編む方向

⟶=矢印の先に編み入れる　　✕✕✕=チェリー

--▶=矢印の先を続けて編む　　☐=ベージュ

段数	目数	増減数
8	48目	
7	42目	
6	36目	
5	30目	+6目
4	24目	
3	18目	
2	12目	
1	わの作り目にこま編み6目編み入れる	

段数	目数	増減数
20	50目	増減なし
19	50目	+2目-4目
18	52目	
17	54目	+2目-2目
16	54目	
15	54目	+2目
14	52目	
13	50目	
9〜12	48目	増減なし

HOW TO MAKE. 07
エスニック調のフロアクッション [P.11]

[糸] ハマナカ ボニー
　　　ベージュ(417) 330g
　　　ハマナカ エコアンダリヤ
　　　黒(30) 180g、
　　　ベージュ(23) 120g
[針] かぎ針8mm、とじ針
[その他] 低反発ウレタン
　　　　　(直径40cm×高さ12cm)1個
[ゲージ] こま編み11目9.5段=10cm
[仕上がりサイズ] 図参照

[作り方]

糸はすべて3本どりで編みます。

①上面をボニーで編む。わの作り目にこま編みを7目編
　み入れ、19段目まで編む。

②底面と側面を編む。①と同様に底面を19段目まで編
　んだら糸をエコアンダリヤに変え、続けて側面を編
　む。20段目はこま編みのすじ編みをし、21段目から
　はメリヤスこま編みで配色しながら32段目まで編む。

③②の中にウレタンを入れて上面を外表にかぶせ、そ
　れぞれ最終段の頭目を拾って巻きかがる。

④側面にスチームアイロンをかけ、形を整える。

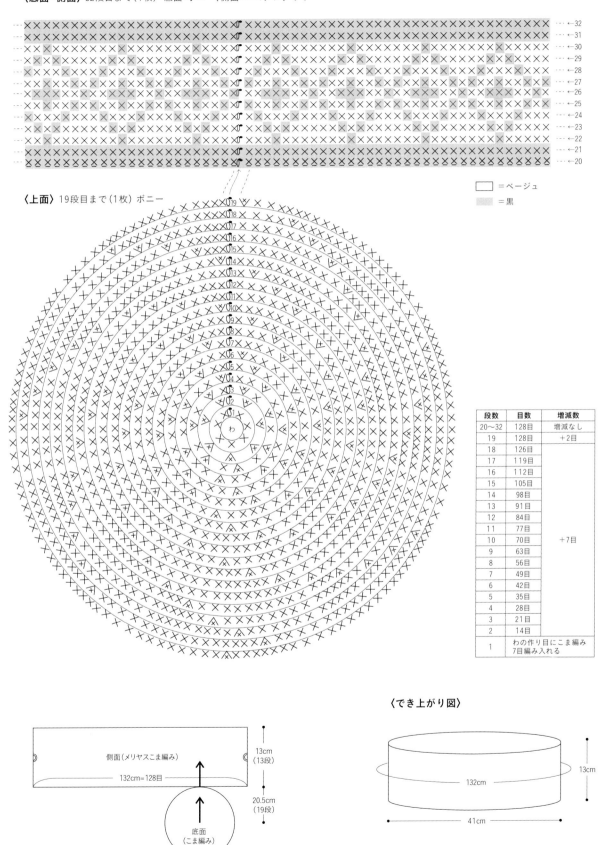

〈底面~側面〉32段目まで（1枚）　底面：ボニー、側面：エコアンダリヤ

←32
←31
←30
←29
←28
←27
←26
←25
←24
←23
←22
←21
←20

□=ベージュ
■=黒

〈上面〉19段目まで（1枚）ボニー

段数	目数	増減数
20～32	128目	増減なし
19	128目	+2目
18	126目	
17	119目	
16	112目	
15	105目	
14	98目	
13	91目	
12	84目	
11	77目	
10	70目	+7目
9	63目	
8	56目	
7	49目	
6	42目	
5	35目	
4	28目	
3	21目	
2	14目	
1	わの作り目にこま編み 7目編み入れる	

側面（メリヤスこま編み）

132cm=128目

13cm
（13段）

20.5cm
（19段）

底面
（こま編み）

〈でき上がり図〉

132cm

13cm

41cm

51

スパイラルプラントハンガー [P.12]

[糸] ハマナカ エコアンダリヤ
　　　ベージュ (23) 40g
[針] かぎ針7/0号、とじ針
[仕上がりサイズ] 図参照

[作り方]
①底を編む。わの作り目で編み始め、模様
　編みで6段目まで編む。
②縁とひもを編む。底から続けて7段目で
　縁とひもを編む。
③ハンドルを編む。編み図のとおりに糸を
　付け、〈ハンドルの作り方〉を参照し、ハ
　ンドル1、2を編んでハンドルを作る。
④タッセルを作る。P.53の〈タッセルの作
　り方〉を参照し、タッセルを作り、底の
　1段目に固結びする。

〈でき上がり図〉

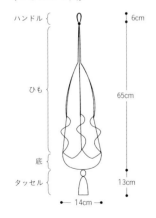

ハンドル
ひも
底
タッセル

6cm
65cm
13cm
← 14cm →

〈ハンドルの作り方〉

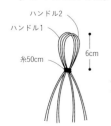

ハンドル2
ハンドル1
糸50cm
6cm

ハンドル1、2の頂点を
合わせ、頂点から6cm
下から50cmのところ
で糸を切り、6回巻い
てまとめ結びをする。

〈本体〉

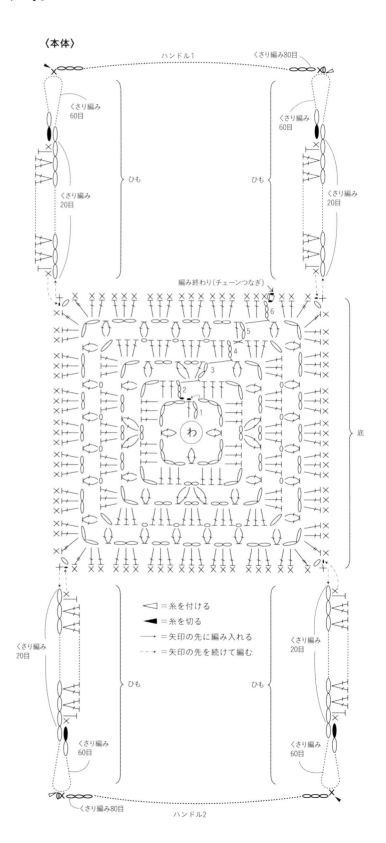

ハンドル1　くさり編み80目
くさり編み60目
くさり編み20目
ひも
編み終わり(チェーンつなぎ)
くさり編み60目
くさり編み20目
くさり編み20目
くさり編み60目
底
ひも
くさり編み20目
くさり編み60目
くさり編み80目
ハンドル2

▷＝糸を付ける
◀＝糸を切る
→＝矢印の先に編み入れる
⤑＝矢印の先を続けて編む

わ

〈タッセルの作り方〉15cmの厚紙に30回巻き本体の1段目に結び付ける。

①15cmの厚紙に糸を30回巻く。

固結び

カットする ✂

②厚紙から糸を外す。一方のわを20cm程度の共糸で固結びし、もう片方のわをカットする。

1cm

②で結んだ糸

③結んだ糸を下に向け、上から1cmのところを20cm程度の共糸で固結びする。

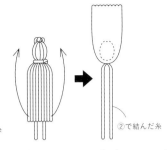

②で結んだ糸

④先の部分を上に曲げる。

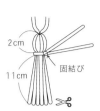

2cm

11cm

固結び

✂

⑤上下を返し、上から2cmのところを共糸で結び、スチームアイロンで整える。先を11cmの長さにカットする。

HOW TO MAKE. 16
チョウチョのキーホルダー A・B [P.22]

[糸] ハマナカ エコアンダリヤ
　　A：オレンジ（98）2g、
　　　コバルトブルー（901）3g
　　B：レトロピンク（71）2g、
　　　ベージュ（23）3g

[針] かぎ針5/0号、とじ針

[その他] キーホルダー金具（全長3.5cm）
　　アンティークゴールド 各1個、
　　丸カン（直径7mm）各1個、ペンチ

[ゲージ] モチーフ5cm角

[仕上がりサイズ] 図参照

[作り方]

①わの作り目をし、模様編みでモチーフを編む。

②〈組み立て方〉を参照し、ペンチを使って丸カンでキーホルダー金具とモチーフを付ける。

〈でき上がり図〉

キーホルダー金具

丸カン

7cm

3.5cm

5cm

〈モチーフ〉

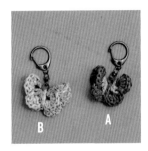

2段目までの編み地を外表に半分に折り、くさり編みを巻き付けた後、2段目のこま編みの頭に引き抜く

くさり編み10目

わ

◁ ＝糸を付ける

◀ ＝糸を切る

⟶ ＝矢印の先に編み入れる

▓ ＝A：オレンジ　B：レトロピンク

□ ＝A：コバルトブルー　B：ベージュ

〈組み立て方〉

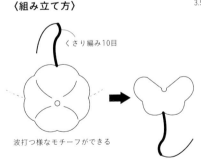

くさり編み10目

波打つ様なモチーフができる

①3段目のくさり編み10目まで編んだら、本体を外表に半分に折る。

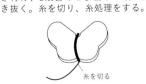

糸を切る

②3段目のくさり編み10目を中心に巻き付け、2段目のこま編みの頭に引き抜く。糸を切り、糸処理をする。

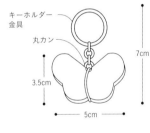

③くさり編みに丸カンを通し、キーホルダーを付ける。

HOW TO MAKE. 10
トナカイのアニマルトロフィー [P.15]

[糸] ハマナカ エコアンダリヤ
　　　薄紫(903) 210g、ブラウン(159) 120g、
　　　オフホワイト(168) 150g
[針] かぎ針10/0号、7/0号、5/0号、とじ針
[その他] あみあみファインネット
　　　(H200-372-4) ベージュ 1枚
[ゲージ] メリヤスこま編み13目15段＝10cm
[仕上がりサイズ] 図参照

[作り方]
糸は編み図の指示に従い1本どりか2本どりで編みます。

①編み図のとおりに頭、マズル、口まわり、目、鼻、首、耳、胸、角1～4、土台のパーツを編む。

②組み立てる。P.59〈組み立て方〉を参照し、各パーツを巻きかがりで縫い合わせる。

〈頭〉メリヤスこま編み 10/0号針 2本どり

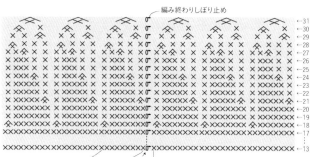

編み終わりしぼり止め

段数	目数	増減数
12	54目	+6目
11	48目	
10	42目	増減なし
9	42目	+6目
8	36目	増減なし
7	36目	+6目
6	30目	増減なし
5	30目	+6目
4	24目	
3	18目	
2	12目	
1	わの作り目にこま編み6目編み入れる	

段数	目数	増減数
31	6目	
30	12目	−6目
29	18目	
28	24目	
27	30目	
25,26	36目	増減なし
24	36目	−6目
22,23	42目	増減なし
21	42目	−6目
19,20	48目	増減なし
18	48目	−6目
13～17	54目	増減なし

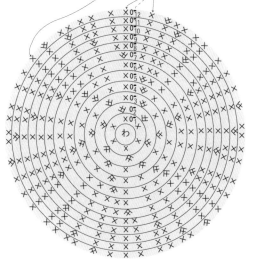

→ ＝矢印の先に編み入れる
--→ ＝矢印の先を続けて編む
← ＝編む方向
▨ ＝薄紫

〈頭 でき上がり図〉

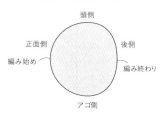

頭側
正面側　　　後側
編み始め　　　編み終わり
アゴ側

※P.55〈頭を作る〉⑨⑩の写真参照

〈マズル〉メリヤスこま編み 10/0号針 2本どり

編み終わり50cm残す

〈マズル でき上がり図〉

編み始め
鼻側　　　顔側

段数	目数	増減数
18	54目	+6目
17	48目	
16	42目	
13～15	36目	増減なし
12	36目	+6目
8～11	30目	増減なし
7	30目	+6目
6	24目	
4,5	18目	増減なし
3	18目	+6目
2	12目	
1	わの作り目にこま編み6目編み入れる	

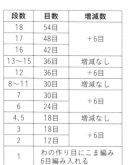

→ ＝矢印の先に編み入れる
--→ ＝矢印の先を続けて編む
← ＝編む方向
□ ＝オフホワイト

〈口まわり〉メリヤスこま編み 10/0号針 2本どり

編み終わり50cm残す

段数	目数	増減数
10	30目	＋6目
5〜9	24目	増減なし
4	24目	＋6目
3	18目	＋6目
2	12目	
1	わの作り目にこま編み 6目編み入れる	

□ ＝オフホワイト

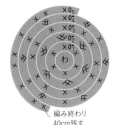

〈鼻〉メリヤスこま編み 10/0号針 2本どり

段数	目数	増減数
5	9目	
4	18目	＋6目
3	12目	増減なし
2	12目	＋6目
1	わの作り目にこま編み 6目編み入れる	

編み終わり40cm残す

■ ＝ブラウン

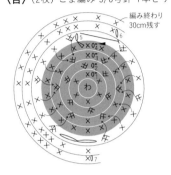

〈目〉（2枚）こま編み 5/0号針 1本どり

編み終わり30cm残す

段数	目数	増減数
6、7	16目	
5	27目	＋9目
4	18目	増減なし
3	18目	＋6目
2	12目	
1	わの作り目にこま編み 6目編み入れる	

□ ＝オフホワイト
■ ＝ブラウン
◁ ＝糸を付ける
◀ ＝糸を切る
→ ＝矢印の先に編み入れる

〈口まわり でき上がり図〉

編み始め
正面側　裏側

〈鼻 でき上がり図〉

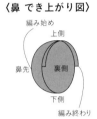

編み始め
上側
鼻先　裏側
下側
編み終わり

〈目 でき上がり図〉

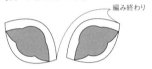

編み終わり

〈頭を作る〉（10/0号針、2本どり）

わの作り目からこま編み

① 2重巻きのわに針を入れ、最初の目を編む。

② 立ち上がりのくさり編みを1目編み、こま編みを1目編む。

③ こま編みを6目編み入れる。

④ 糸端を引きわを引きしめる。

メリヤスこま編み

針を刺す位置

⑤ 1目めの頭に引き抜き編みをし、立ち上がりのくさり編みを1目編む。

⑥ 前段のこま編みの右足に針をかけ、右に引きながら針を差し込み 通常のこま編みを1目編む。

⑦ 同じ目にこま編みをもう1目編み入れ、メリヤスこま編み2目編み入れるが編めたところ。

⑧ 前段にメリヤスこま編みを2目ずつ編み入れ1目めに引き抜き編みを1目編み2段目が完成。

編み終わり

⑨ 同様に繰り返し、31段目まで編んだらしぼり止めをし、でき上がり。

編み始め

⑩ 編み始め側から見たところ。

⑪ 各パーツを編んだら〈組み立て方〉を参照し、巻きかがりで縫い合わせる。

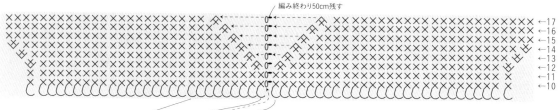

〈首〉メリヤスこま編み 10/0号針 2本どり

編み終わり50cm残す

←17
←16
←15
←14
←13
←12
←11
←10

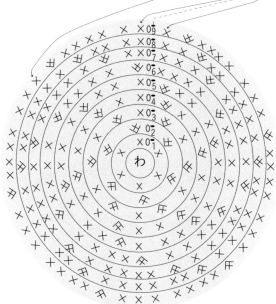

⟶ ＝矢印の先に編み入れる

－－→ ＝矢印の先を続けて編む

← ＝編む方向

▨ ＝薄紫

段数	目数	増減数
17	48目	
16	50目	－2目
15	52目	
12～14	54目	＋2目－2目
10、11	54目	増減なし
9	54目	
8	48目	
7	42目	
6	36目	＋6目
5	30目	
4	24目	
3	18目	
2	12目	
1	わの作り目にこま編み6目編み入れる	

〈首 でき上がり図〉

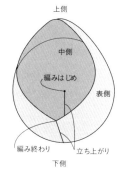

上側

中側

編みはじめ

表側

編み終わり

立ち上がり

下側

〈耳〉(2枚)メリヤスこま編み 10/0号針 2本どり

編み終わり30cm残す

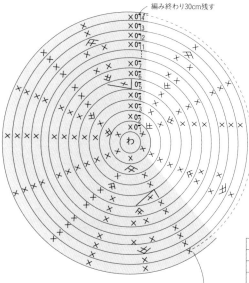

編み地を縦半分に内側に折り曲げ14段目の1目めに引き抜き編みをする

□ ＝オフホワイト

▨ ＝薄紫

－－→ ＝矢印の先を続けて編む

段数	目数	増減数
14	10目	－4目
13	14目	増減なし
12	14目	－4目
7～11	18目	増減なし
6	18目	＋4目
5	14目	＋2目
4	12目	＋3目
3	9目	増減なし
2	9目	＋3目
1	わの作り目にこま編み6目編み入れる	

〈胸〉10/0号針 2本どり

□ ＝オフホワイト

← ＝編む方向

編み終わり60cm残す

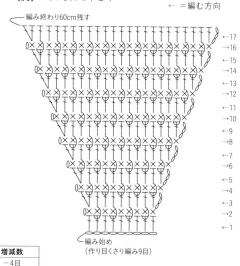

←17
→16
←15
→14
←13
→12
←11
→10
←9
→8
←7
→6
←5
→4
←3
→2
←1

編み始め

(作り目くさり編み9目)

〈耳 でき上がり図〉

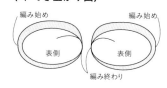

編み始め

編み始め

表側

表側

編み終わり

〈角1〉(2本)メリヤスこま編み 10/0号針 2本どり

編み終わり30cm残す

←18
←17
←16
←9
←8
←7
←6
←5
←4

X0 3
X0 2
X0 1
わ

〈角1 でき上がり図〉

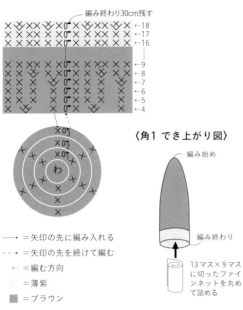

編み始め

編み終わり

13マス×9マス
に切ったファイ
ネットを丸め
て詰める

⟶ =矢印の先に編み入れる
⟶ =矢印の先を続けて編む
← =編む方向
░ =薄紫
▓ =ブラウン

段数	目数	増減数
18	16目	＋4目
9〜17	12目	増減なし
8	12目	＋2目
7	10目	
5、6	8目	増減なし
4	8目	＋2目
2、3	6目	増減なし
1	わの作り目にこま編み 6目編み入れる	

〈角2〉(2本)メリヤスこま編み 10/0号針 2本どり

編み終わり30cm残す

←29
←28
←27
←26
←25
←24
←16
←15
←14
←13
←12
←11
←5
←4

X0 3
X0 2
X0 1
わ

〈角2 でき上がり図〉

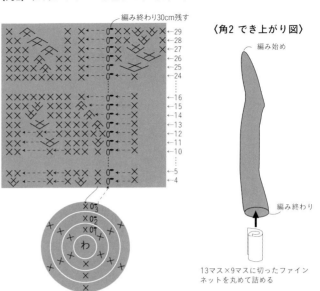

編み始め

編み終わり

13マス×9マスに切ったファイン
ネットを丸めて詰める

⟶ =矢印の先に編み入れる
⟶ =矢印の先を続けて編む
← =編む方向
▓ =ブラウン

段数	目数	増減数
29	11目	−1目＋2目
25〜28	10目	−1目＋1目
16〜24	10目	増減なし
13〜15	10目	−1目＋1目
12	10目	増減なし
11	10目	＋2目
5〜10	8目	増減なし
4	8目	＋2目
2、3	6目	増減なし
1	わの作り目にこま編み 6目編み入れる	

〈角3〉(2本)メリヤスこま編み 10/0号針 2本どり

編み終わり30cm残す

←24
←23
←22
←21
←17
←16
←15
←7
←6

X0 3
X0 2
X0 1
わ

〈角3 でき上がり図〉

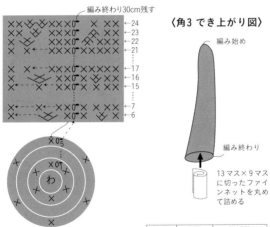

編み始め

編み終わり

13マス×9マス
に切ったファイ
ネットを丸め
て詰める

⟶ =矢印の先に編み入れる
⟶ =矢印の先を続けて編む
← =編む方向
▓ =ブラウン

段数	目数	増減数
24	12目	＋2目
22、23	10目	−1目＋1目
17〜21	10目	増減なし
16	10目	＋2目
7〜15	8目	増減なし
6	8目	＋2目
2〜5	6目	増減なし
1	わの作り目にこま編み 6目編み入れる	

〈角4〉(2本)メリヤスこま編み 10/0号針 2本どり

編み終わり30cm残す

←17
←16
←11
←10
←9
←8
←4

X0 3
X0 2
X0 1
わ

⟶ =矢印の先に編み入れる
⟶ =矢印の先を続けて編む
← =編む方向
▓ =ブラウン

〈角4 でき上がり図〉

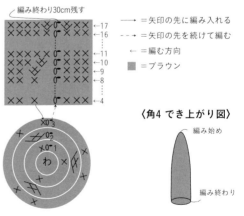

編み始め

編み終わり

段数	目数	増減数
17	10目	＋2目
11〜16	8目	増減なし
10	8目	＋1目
9	7目	
3〜8	6目	増減なし
2	6目	＋3目
1	わの作り目にこま編み 3目編み入れる	

〈土台〉（12段目までを2枚）メリヤスこま編み 10/0号針 2本どり

編み始め
（作り目くさり編み6目）

2
3
4
5
6
7
8
9
10
11
12
13
編み終わり
（チェーンつなぎ）

12段目までを2枚編んだら
外表に合わせこま編みで
とじ合わせる

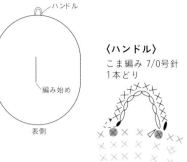

〈土台 でき上がり図〉

ハンドル

編み始め

表側

〈ハンドル〉
こま編み 7/0号針
1本どり

□ =オフホワイト
● =ハンドル編み付け位置

段数	目数	増減数
12	80目	+6目
11	74目	
10	68目	
9	62目	
8	56目	
7	50目	
6	44目	
5	38目	
4	32目	
3	26目	
2	20目	
1	くさり編み6目の作り目にこま編み14目編み入れる	

〈土台を作る〉（10/0号針、2本どり）

くさり編みの作り目からこま編み（1段目）

① くさり編み6目で作り目を編む。

② 立ち上がりのくさり編みを1目編み、6目めのくさりの裏山と半目を拾い、こま編みを2目編む。

③ 作り目の端まで編む。

④ 同じ目にこま編みを2目編み入れ、編み地を180度回転させる。

⑤ 作り目のもう片方の半目を拾い、端の目までこま編みを編む。

⑥ 1目めのこま編みの頭に引き抜き編みをし、1段目が完成。

メリヤスこま編み（2〜12段目）

針を刺す位置

⑦ 立ち上がりのくさり編みを1目編む。

⑧ 前段のこま編みの右足に針をかけ、右に引きながら針の頭を差し込む。

⑨ 通常のこま編みを1目編む。メリヤスこま編みが1目編めたところ。

⑩ 同じ目にこま編みをもう1目編み入れ、メリヤスこま編み2目編み入れるが編めたところ。

⑪ 一周メリヤスこま編みを編み入れ、1目めの頭に引き抜き編みをし、2段目が完成。

⑫ 同様に繰り返し、12段目まで編んだ編み地を2枚作る。

こま編みはぎ（13段目）

⑬ 2枚の編み地を外表に合わせ、立ち上がりのくさり編みを1目編む。

⑭ 前段の頭くさり2本ずつに針を入れる。

⑮ 通常のこま編みを1目編む。

⑯ 一周こま編みではぎ合せたところ。

チェーンつなぎ

⑰ 編み終わりの糸端をとじ針に通し、1目めの頭くさり2本に刺す。

⑱ 糸を引き、糸が出ている根元の頭、くさり2本の間に針を入れる。

⑲ 糸を引き、頭のチェーンの形を整える。

⑳ 編み地の裏の目に針をくぐらせて糸始末をしたら、土台のでき上がり。

〈組み立て方〉

①土台に首の10段目を巻きかがりで----線の位置に縫い付ける。

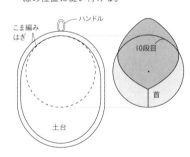

③土台に付けた首に頭、マズル、口まわり、鼻のパーツを順に巻きかがりで----線の位置に縫い付ける。

● ＝編み始め

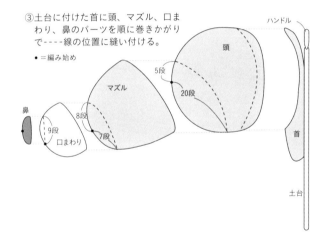

〈でき上がり図〉

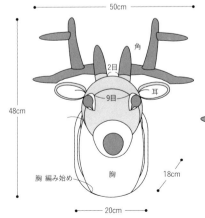

②角を図のように巻きかがりで縫い付ける。

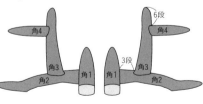

④頭に目、耳、角を縫い付け、最後に首にかぶせるように胸を縫い付ける。

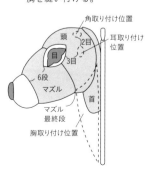

HOW TO MAKE. 11
キツネのアニマルトロフィー [P.15]

【糸】ハマナカ エコアンダリヤ ベージュ(23) 75g、
　　オレンジ(98) 160g、黒(30) 20g
【針】かぎ針10/0号、7/0号、5/0号、とじ針
【ゲージ】メリヤスこま編み13目15段＝10cm
【仕上がりサイズ】図参照

【作り方】
糸は編み図の指示に従い1本どりか2本どりで編みます。

①編み図のとおりに頭、マズル、土台、耳、鼻すじ、胸、目、鼻のパーツを編む。

②組み立てる。P.63〈組み立て方〉を参照し、各パーツを縫い合わせる。

〈頭〉メリヤスこま編み 10/0号針 2本どり

編み終わりしぼり止め

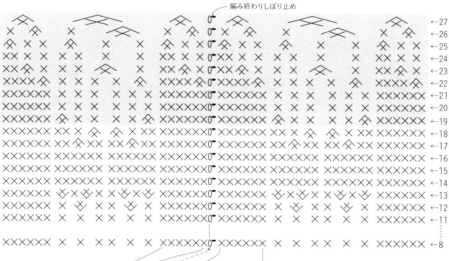

←27
←26
←25
←24
←23
←22
←21
←20
←19
←18
←17
←16
←15
←14
←13
←12
←11
←8

◀ ＝糸を切る
⟶ ＝矢印の先に編み入れる
- - -▶ ＝矢印の先を続けて編む
← ＝編む方向
＝ベージュ
□ ＝オレンジ

段数	目数	増減数
27	6目	−6目
26	12目	
25	18目	
24	24目	増減なし
23	24目	−6目
22	30目	
20、21	36目	増減なし
19	36目	−4目
18	40目	
17	44目	
14〜16	48目	増減なし
13	48目	＋8目
12	40目	＋4目
7〜11	36目	増減なし
6	36目	＋6目
5	30目	
4	24目	
3	18目	
2	12目	
1	わの作り目にこま編み6目編み入れる	

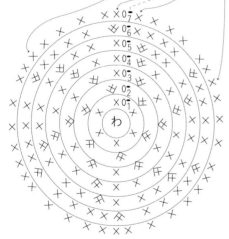

〈頭 でき上がり図〉

頭側　編み始め

アゴ側

〈マズル〉メリヤスこま編み 10/0号針 2本どり

編み終わり50cm残す

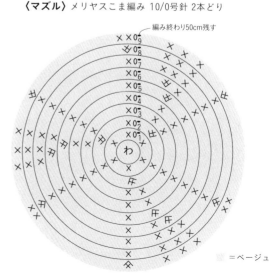

＝ベージュ

〈マズル でき上がり図〉

編み始め

鼻側　　顔側

段数	目数	増減数
9	21目	＋3目
8	18目	
7	15目	増減なし
6	15目	＋3目
5	12目	
3、4	9目	増減なし
2	9目	＋3目
1	わの作り目にこま編み6目編み入れる	

〈土台〉（12段目までを2枚）メリヤスこま編み 10/0号針 2本どり

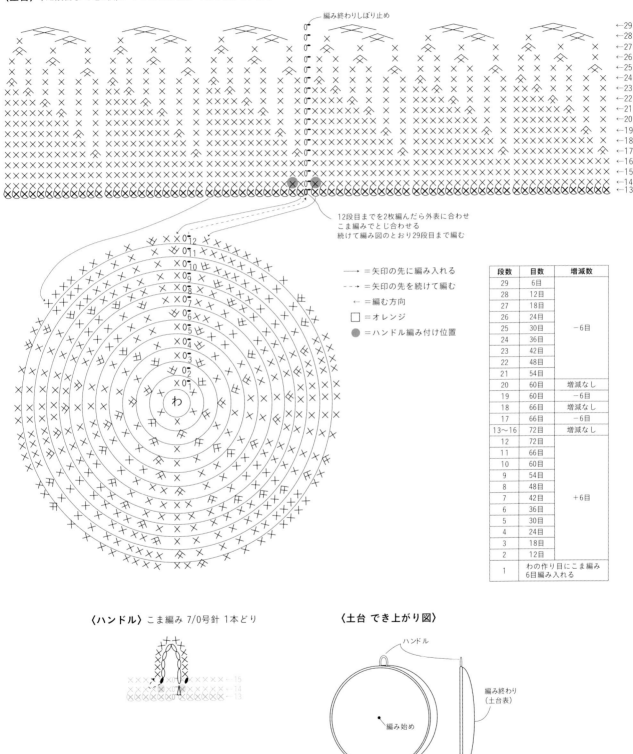

編み終わりしぼり止め

←29
←28
←27
←26
←25
←24
←23
←22
←21
←20
←19
←18
←17
←16
←15
←14
←13

12段目までを2枚編んだら外表に合わせ
こま編みでとじ合わせる
続けて編み図のとおり29段目まで編む

→ ＝矢印の先に編み入れる
--→ ＝矢印の先を続けて編む
← ＝編む方向
□ ＝オレンジ
● ＝ハンドル編み付け位置

段数	目数	増減数
29	6目	−6目
28	12目	
27	18目	
26	24目	
25	30目	
24	36目	
23	42目	
22	48目	
21	54目	
20	60目	増減なし
19	60目	−6目
18	66目	増減なし
17	66目	−6目
13〜16	72目	増減なし
12	72目	+6目
11	66目	
10	60目	
9	54目	
8	48目	
7	42目	
6	36目	
5	30目	
4	24目	
3	18目	
2	12目	
1	わの作り目にこま編み6目編み入れる	

〈ハンドル〉こま編み 7/0号針 1本どり

←15
←14
←13

〈土台 でき上がり図〉

ハンドル

編み始め

編み終わり
（土台表）

裏側

横

〈耳〉(2枚) メリヤスこま編み 10/0号針 2本どり

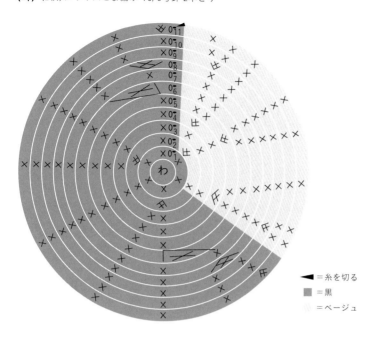

〈耳 でき上がり図〉

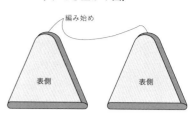

編み始め

表側　　　表側

◀ =糸を切る

▨ =黒

⦸ =ベージュ

段数	目数	増減数
11	20目	+2目
10	18目	増減なし
9	18目	+2目
8	16目	
7	14目	増減なし
6	14目	+2目
5	12目	+1目
4	11目	+2目
3	9目	増減なし
2	9目	+3目
1	わの作り目にこま編み 6目編み入れる	

〈鼻すじ〉 7/0号針 1本どり

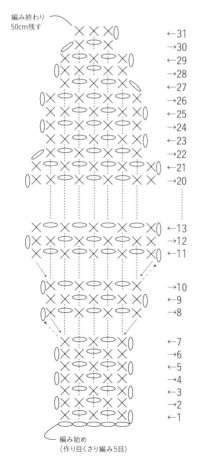

編み終わり
50cm残す

編み始め
(作り目くさり編み5目)

⟶ =矢印の先に編み入れる

⇢ =矢印の先を続けて編む

← =編む方向

× =前段を編みくるみ
…… 前々段の頭に編み入れる

□ =オレンジ

〈胸〉 7/0号針 1本どり

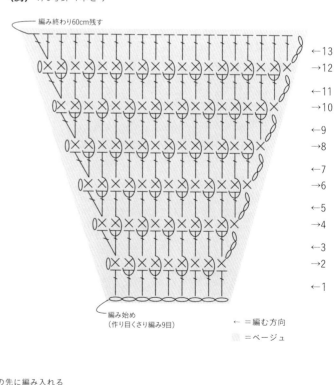

編み終わり60cm残す

編み始め
(作り目くさり編み9目)

← =編む方向

⦸ =ベージュ

62

〈目〉(2枚) こま編み 5/0号針 1本どり

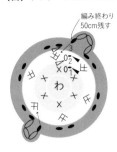

編み終わり
50cm残す

段数	目数	増減数
3	20目	＋8目
2	12目	＋6目
1	わの作り目にこま編み 6目編み入れる	

〈目 でき上がり図〉
編み終わりの糸端で目玉に
瞳を刺しゅうする

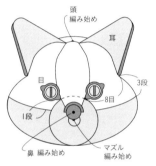

刺しゅう

編み終わり

〈鼻〉こま編み 7/0号針 1本どり

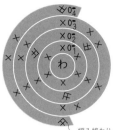

編み終わり
30cm残す

■＝黒

〈鼻 でき上がり図〉

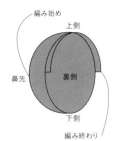

編み始め
上側
鼻先
裏側
下側
編み終わり

段数	目数	増減数
4	7目	
3	9目	増減なし
2	9目	＋3目
1	わの作り目にこま編み 6目編み入れる	

▷＝糸を付ける
◀＝糸を切る
→＝矢印の先に編み入れる
▢＝ベージュ
▢＝オレンジ
■＝黒

〈でき上がり図〉

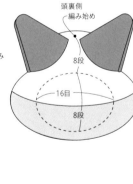

26cm
18cm
19cm
耳
胸

〈組み立て方〉

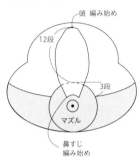

12段
3段
頭 編み始め
マズル
鼻すじ
編み始め

①頭にマズル、鼻すじの順に
巻きかがりで縫い付ける。

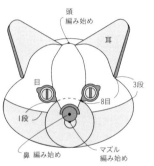

頭
編み始め
耳
目
3段
8目
1段
鼻 編み始め
マズル
編み始め

②耳、鼻、目の順に巻きかが
りで縫い付ける。

2段
2段
1段
1目

③口を黒1本どりで刺しゅうする。

土台 こま編みの
裏引き上げ編み
4段
7段
7段

④----線の位置に頭を縫い付ける。

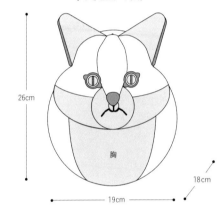

頭裏側
編み始め
8段
16目
8段

下側
マズル
頭 編み終わり
5段
頭
胸 編み終わり
8段
8段
土台
胸 編み始め

⑤----線の位置に胸を縫い付ける。

〈刺しゅう〉1針ごとに戻りながら刺して進む。

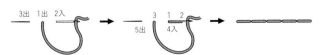

3出 1出 2入　→　5出　3 1 2　4入　→

63

丸モチーフとビーズののれん [P.19]

[糸] ハマナカ エコアンダリヤ
　　　ベージュ (23) 65g
[針] かぎ針6/0号、とじ針
[その他] ウッドビーズ(直径10mm)
　　　　ベージュ 20個、ブラウン 10個
[ゲージ] こま編み17.5目20段＝10cm
[仕上がりサイズ] 図参照

[作り方]
① つっぱり棒の通し口を編む。くさり
　編み91目で作り目をし、11段目まで
　編む。
② すだれを編む。通し口に糸を付け、
　連続モチーフを編む。
③ 通し口の編み終わりに残しておいた
　糸で、通し口の作り目と最終段を巻
　きかがる。
④ すだれの編み終わりにウッドビーズ
　を通し、玉留めをする。

〈でき上がり図〉

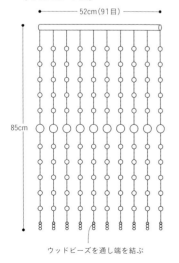

— 52cm(91目) —

85cm

ウッドビーズを通し端を結ぶ

〈すだれ〉

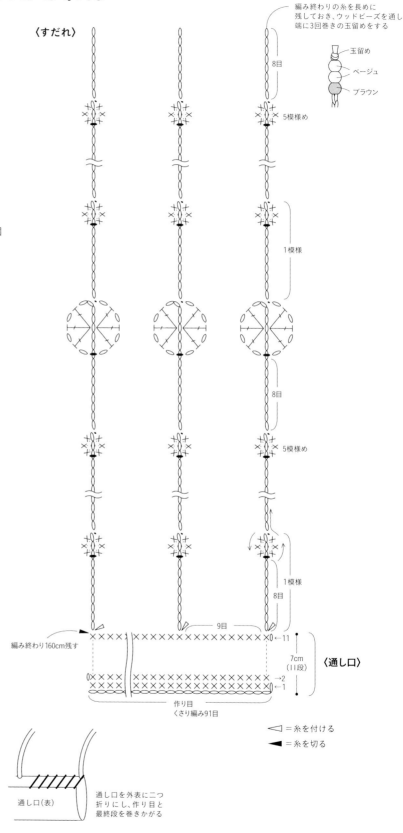

編み終わりの糸を長めに
残しておき、ウッドビーズを通し
端に3回巻きの玉留めをする

玉留め
ベージュ
ブラウン

8目
5模様め

1模様

8目
5模様め

1模様
8目

編み終わり160cm残す

9目
←11

7cm
(11段)

〈通し口〉

→2
←1

作り目
くさり編み91目

◁ ＝糸を付ける
◀ ＝糸を切る

通し口(表)

通し口を外表に二つ
折りにし、作り目と
最終段を巻きかがる

64

HOW TO MAKE. 18
トイレットペーパーケース [P.23]

[糸] ハマナカ エコアンダリヤ
　　　ベージュ(23) 50g、
　　　ブラウン(159) 20g
[針] かぎ針4/0号、とじ針
[ゲージ] 模様編み20目15段＝10cm
[仕上がりサイズ] 図参照

[作り方]
①底を編む。わの作り目にこま編みを8目編み入れ、11段目まで編む。
②側面を編む。底を編んだらスチームアイロンをかけて形を整える。続けて編み図のとおりにこま編みのすじ編みで配色しながら29段目まで編む。
③ふたを編む。くさり編み32目(作り目)を輪にし、編み図のとおりに配色しながら9段目まで編む。スチームアイロンをかけて形を整える。続けてこま編みのすじ編みで配色しながら13段目まで編む(P.66参照)。
④編み終えたら中にタオルなどを詰め、側面にスチームアイロンをかけて形を整え、スプレーのりをかけて固める。

〈本体 側面〉

（省略：編み図 12段目から29段目）

→29
←28
←27
←26
←25
←24
←23
←22
←21
←20
←19
←18
←17
←16
←15
←14
←13
←12

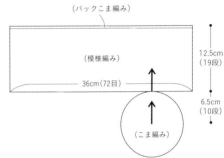

（バックこま編み）

（模様編み）

12.5cm
(19段)

36cm(72目)

6.5cm
(10段)

（こま編み）

〈底〉

11
10
9
8
7
6
5
4
3
2
1

わ

〈でき上がり図〉

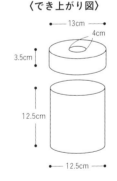

13cm
4cm
3.5cm
12.5cm
12.5cm

段数	目数	増減数
11〜29	72目	増減なし
10	72目	
9	64目	+8目
8	56目	
7	48目	
6	40目	増減なし
5	40目	
4	32目	+8目
3	24目	
2	16目	
1	わの作り目にこま編み8目編み入れる	

▨ ＝ブラウン

☐ ＝ベージュ

∨ ＝ 🇻 ＝こま編み2目編み入れる

65

〈ふた〉

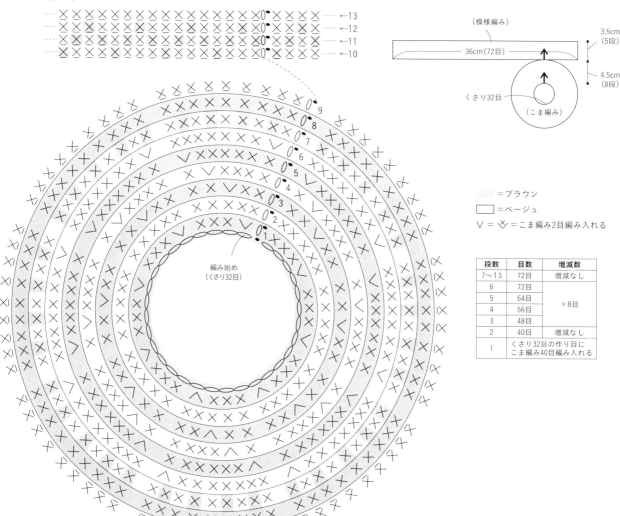

| =ブラウン |
| =ベージュ |
| V = ⋎ =こま編み2目編み入れる |

段数	目数	増減数
7～13	72目	増減なし
6	72目	
5	64目	+8目
4	56目	
3	48目	
2	40目	増減なし
1	くさり32目の作り目に こま編み40目編み入れる	

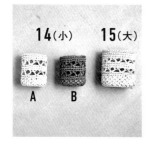

HOW TO MAKE. 14.15

ガラスボトルカバー 大
小 A・B [P.20、21]

[糸] 14：ハマナカ エコアンダリヤ
　　　ベージュ(23) A 28g、
　　　B ライトブラウン(15) 28g
　　15：ハマナカ エコアンダリヤ
　　　ベージュ(23) 45g

[針] かぎ針8/0号、とじ針

[その他] ガラスボトル
　　　15 (直径8.5×高さ12.8cm) 1個
　　　14 A (直径6.5×高さ10.9cm) 1個
　　　14 B (直径6.8×高さ16.5cm) 1個

[ゲージ] こま編み6目5段＝4.5cm

[仕上がりサイズ] 図参照

[作り方]

糸は2本どりで編み、編み図の指示に従い側面の途中は1本どりで編みます。

①底を編む。わの作り目にこま編みを8目編み入れ、5段目(14は4段目)まで編む(P.67参照)。

②側面を編む。底から続けて12・15段目(14は9、12段目)は1本どりにし、19段目(14は15段目)まで編む(P.67参照)。

③スチームアイロンをかけ、形を整える。

〈14 A・B 側面〉

編み終わり(チェーンつなぎ)

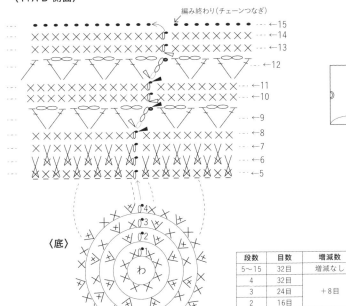

←15
←14
←13
←12
←11
←10
←9
←8
←7
←6
←5

〈底〉

*9段目、12段目は1本どりで編む

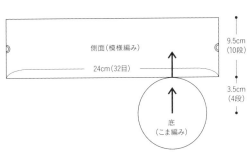

側面(模様編み)
24cm(32目)

9.5cm
(10段)

3.5cm
(4段)

底
(こま編み)

〈小 でき上がり図〉

24cm

9.5cm

7cm

段数	目数	増減数
5〜15	32目	増減なし
4	32目	+8目
3	24目	+8目
2	16目	
1	わの作り目にこま編み 8目編み入れる	

〈15 側面〉

編み終わり(チェーンつなぎ)

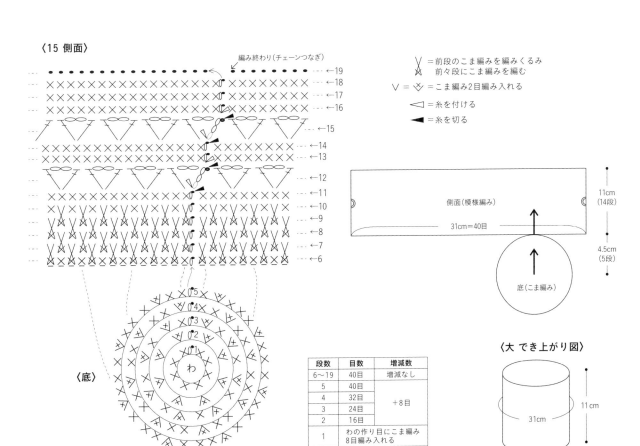

←19
←18
←17
←16
←15
←14
←13
←12
←11
←10
←9
←8
←7
←6

〈底〉

*12段目、15段目は1本どりで編む

∨=前段のこま編みを編みくるみ
✕=前々段にこま編みを編む

∨ = ✕ =こま編み2目編み入れる

◁=糸を付ける

◀=糸を切る

側面(模様編み)
31cm=40目

11cm
(14段)

4.5cm
(5段)

底(こま編み)

〈大 でき上がり図〉

31cm

11cm

9cm

段数	目数	増減数
6〜19	40目	増減なし
5	40目	+8目
4	32目	+8目
3	24目	+8目
2	16目	
1	わの作り目にこま編み 8目編み入れる	

HOW TO MAKE. 17

ポケットティッシュカバー [P.22]

[糸] ハマナカ エコアンダリヤ
オフホワイト(168) 22g

[針] かぎ針6/0号、とじ針

[ゲージ] 模様編み20目11.5段=10cm

[仕上がりサイズ] 図参照

[作り方]

①本体を編む。くさり編み25目で作り目をし、模様編みで19段目まで編む。中表に三つ折りし、両脇をこま編みでとじ、表に返す。

②ふたを編む。くさり編み23目で作り目をし、模様編みで11段目まで編み、本体に巻きかがりで縫い付ける。

〈本体〉

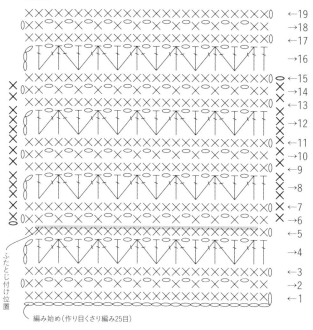

ふたとじ付け位置

編み始め(作り目くさり編み25目)

〈ふた〉

糸を長めに残しておき本体にとじ付ける

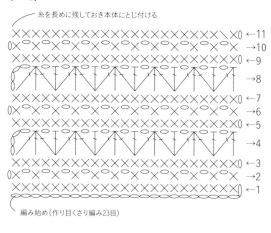

編み始め(作り目くさり編み23目)

本体

(模様編み)

16cm
(19段)

12.5cm
(25目)

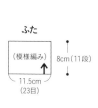

ふた

(模様編み)

8cm(11段)

11.5cm
(23目)

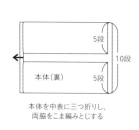

本体(裏)

5段

10段

5段

本体を中表に三つ折りし、両脇をこま編みとじする

〈でき上がり図〉

ふたを巻きかがる

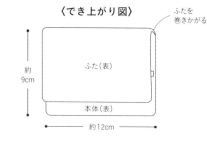

ふた(表)

本体(表)

約9cm

約12cm

HOW TO MAKE. 21

ネットに編みつけるフリーマット [P.25]

[糸] ハマナカ エコアンダリヤ
ベージュ(23) 60g

[針] かぎ針8/0号、とじ針

[その他] あみあみファイン
ネット(H200-372-4)
ベージュ 1枚

[仕上がりサイズ] 図参照

[作り方]

①〈ネット図〉のように、ネットから必要パーツを切り出す(P.69参照)。

②各パーツを編む。P.69の〈パーツ A〉、〈パーツ B〉を参照し、それぞれ必要枚数編みつける(P.45〈ネットの編みつけ方〉参照)。

③パーツを組み立てる。P.69の〈パーツ組み立て図〉を参照して組み立て、〈縁編み図〉のとおりに縁を編む。1段目でパーツが重なっている部分は、2枚のパーツを拾い一緒に編む。

〈ネット図〉

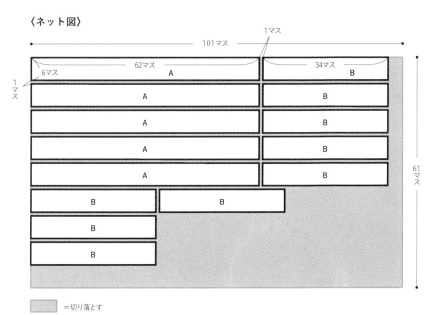

■ =切り落とす

〈パーツＡ〉(5枚)　〈パーツＢ〉(9枚)

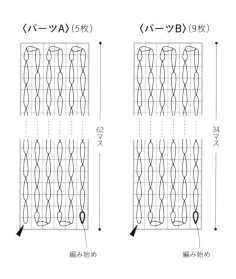

編み始め　　　　　　編み始め

〈パーツ組み立て図〉

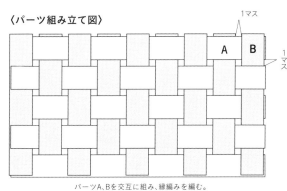

パーツＡ、Ｂを交互に組み、縁編みを編む。

◁ =糸を付ける
◀ =糸を切る

〈でき上がり図〉

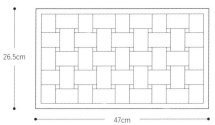

26.5cm

47cm

〈縁編み図〉

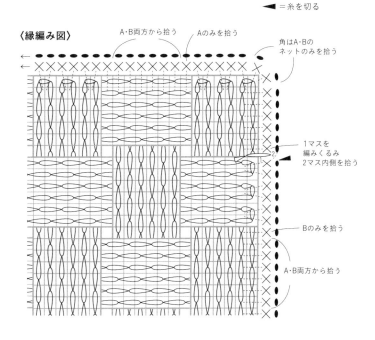

Ａ・Ｂ両方から拾う　Ａのみを拾う

角はＡ・Ｂの
ネットのみを拾う

1マスを
編みくるみ
2マス内側を拾う

Ｂのみを拾う

Ａ・Ｂ両方から拾う

レザー底のトレー　角底・丸底 [P.25]

[糸] ハマナカ エコアンダリヤ **角底**：ライトグレー（148）60g
　　丸底：グレイッシュピンク（54）40g

[針] かぎ針8/0号、とじ針

[その他] **角底**：ハマナカ レザー角底（H204-617-2）こげ茶 1枚
　　丸底：ハマナカ レザー底 大（H204-616）こげ茶 1枚、
　　革テープ（1.5cm幅）こげ茶 16cm 各2本、両面カシメ（頭径9mm 足10mm）
　　ゴールド 4組、穴あけポンチ（穴径3mm）、カナヅチ

[ゲージ] 模様編み6目8段＝4cm

[仕上がりサイズ] 図参照

[作り方]

糸は2本どりで編みます。

①側面を編む。レザー底の裏面（レザー側を見て）から編み始め、模様編みで8段目（丸底は7段目）まで編む。

②持ち手を付ける。〈革の持ち手〉を参照し、革テープの両端に穴あけポンチで穴をあける。指定の位置にカナヅチで
　叩き、カシメでとめる（P.71参照）。

〈角底 側面〉

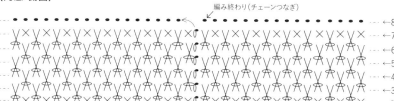

編み終わり（チェーンつなぎ）

段数	目数	増減数
2〜8	130目	増減なし
1	レザー底にこま編み130目編み入れる	

編み始め
（86穴にこま編み130目編み入れる）

レザー底

$\bigvee$＝前段のくさり編みを編みくるみ
　　前々段にこま編みを編む

$\bigvee$＝$\underset{\times}{\bigvee}$＝こま編み2目編み入れる

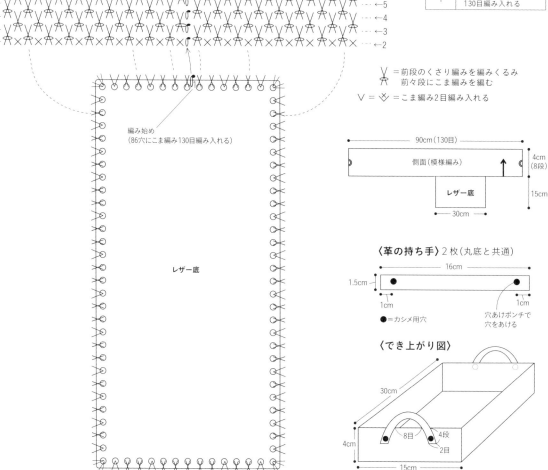

90cm（130目）
側面（模様編み）
4cm（8段）
レザー底
15cm
30cm

〈革の持ち手〉2枚（丸底と共通）
16cm
1.5cm
1cm
1cm
●＝カシメ用穴
穴あけポンチで
穴をあける

〈でき上がり図〉
30cm
4cm
8目　4段
2目
15cm

〈丸底 側面〉

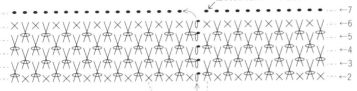

編み終わり（チェーンつなぎ）

←7
←6
←5
←4
←3
←2

段数	目数	増減数
2〜7	90目	増減なし
1	レザー底にこま編み90目編み入れる	

∀ ＝前段のくさり編みを編みくるみ
　　前々段にこま編みを編む

∀ ＝ ✕ ＝こま編み2目編み入れる

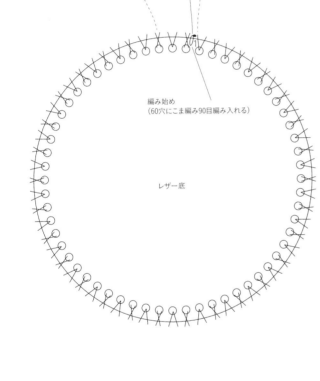

編み始め
（60穴にこま編み90目編み入れる）

レザー底

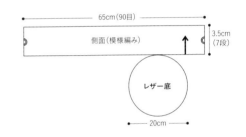

65cm（90目）

側面（模様編み） 3.5cm（7段）

レザー底

20cm

〈でき上がり図〉

33目　カシメ　8目　4段
2目
65cm
20cm
3.5cm

〈カシメのとめ方〉

① 安定した台の上で作業をする。ゴム板などを置き、穴あけポンチで革にカシメの凸の足が入るサイズの穴をあける。

② 打ち台の上にカシメの凸を置く。

③ 凸の足にとめたいパーツを差し入れ、上からカシメの凹をかぶせる。

④ カシメの凹の上に打ち棒をあて、カナヅチで真上から叩いて固定する。

ウッドビーズのふた付き小物入れ [P.26]

[糸] ハマナカ エコアンダリヤ オフホワイト(168) 160g、
　　　ハマナカ アメリー レモンイエロー(25) 15g、チャコールグレー(30) 15g
[針] かぎ針6/0号、5/0号(本体最終段のみ)、とじ針
[その他] スエード調ひもベージュ(3mm幅) 30cm 1本、ウッドビーズ(直径3cm) 1個
[ゲージ] こま編み(2本どり 6/0号針)15目14段＝10cm
[仕上がりサイズ] 図参照

[作り方]

糸は2本どり6/0号針で編みます。

①本体を編む。わの作り目にこま編みを6目編み入れ、
　編み図のとおりに配色しながら模様編みで32段目まで
　編む。最終段(33段目)は5/0号針で編む。

②ふたを編む。わの作り目にこま編みを6目編み入れ、
　模様編みで18段目まで編む(P.73参照)。

③ウッドビーズを付ける。スエード調ひもにウッドビー
　ズを通し、ふたの指定位置に付ける。

〈本体〉6/0号針(33段目のみ5/0号針)

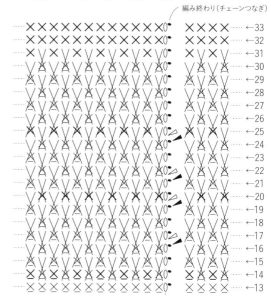

段数	目数	増減数	配色	かぎ針
33			エコアンダリヤ	5/0号
25〜32			エコアンダリヤ	
22〜24			アメリー(25)	
20, 21	72目	増減なし	エコアンダリヤ	
17〜19			アメリー(30)	
13〜16				
12	72目			
11	66目			
10	60目			
9	54目			
8	48目		エコアンダリヤ	6/0号
7	42目	+6目		
6	36目			
5	30目			
4	24目			
3	18目			
2	12目			
1	わの作り目にこま編み 6目編み入れる			

∨ ＝ 　　こま編み2目編み入れる

✕ ＝前段のこま編み向こう側半目を拾ってこま編み

✕ ＝前段のこま編み手前側半目を拾ってこま編み

✕ ＝こま編み

✕ ＝前段を編みくるみ前々段の
　　全目を拾ってこま編み

◁ ＝糸を付ける

◀ ＝糸を切る

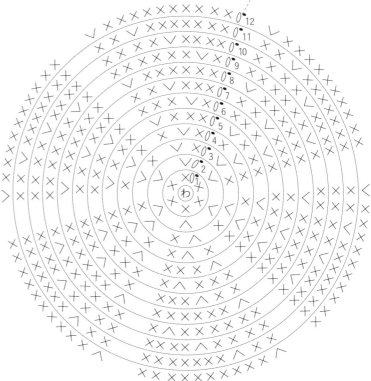

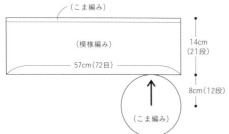

(こま編み)

(模様編み)

57cm(72目)

14cm
(21段)

8cm(12段)

(こま編み)

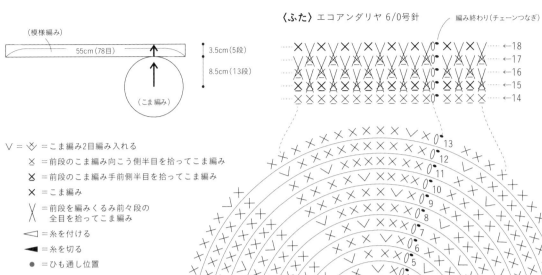

（模様編み）

55cm(78目)

3.5cm(5段)

8.5cm(13段)

（こま編み）

〈ふた〉エコアンダリヤ 6/0号針　　編み終わり（チェーンつなぎ）

←18
←17
←16
←15
←14

∨ = ＝こま編み2目編み入れる

✕ ＝前段のこま編み向こう側半目を拾ってこま編み

✕ ＝前段のこま編み手前側半目を拾ってこま編み

✕ ＝こま編み

✕ ＝前段を編みくるみ前々段の
　　全目を拾ってこま編み

＝糸を付ける

＝糸を切る

● ＝ひも通し位置

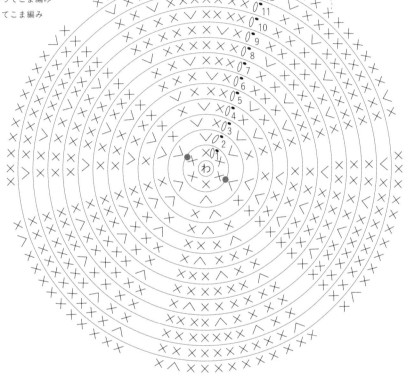

段数	目数	増減数
14〜18	78目	増減なし
13	78目	
12	72目	
11	66目	
10	60目	
9	54目	
8	48目	+6目
7	42目	
6	36目	
5	30目	
4	24目	
3	18目	
2	12目	
1	わの作り目にこま編み6目編み入れる	

〈ウッドビーズの付け方〉

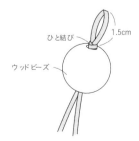

ひと結び　1.5cm

ウッドビーズ

スエード調ひもを二つ折りにし、ひと結びしてからウッドビーズを通す。

ふた（裏）

固結び

〈ふた〉のひも通し位置に1本ずつひもを通す。編み地の裏面に出た2本のひもで固結びし、余分なひもをカットする。

〈でき上がり図〉

15cm

16.5cm

丸モチーフの壁掛け小物入れ [P.27]

[糸] ハマナカ エコアンダリヤ オフホワイト(168) 160g

[針] かぎ針7/0号、とじ針

[その他] ワックスコード(直径2.5mm) ベージュ 80cm、
　　　　ガラスビーズ(直径14mm 高さ9mm 穴内径5mm) クリア、
　　　　ブルー、ライトブルー 各2個

[ゲージ] こま編み(2本どり)13目13段＝10cm

[仕上がりサイズ] 図参照

[作り方]

糸は2本どりで編みます。

① 丸モチーフの裏面を編む。わの作り目にこま編みを6目編み入れ、12段目まで編む。

② 丸モチーフの表面を編む。わの作り目にこま編みを6目編み入れ、往復編みで17段目まで編む。18段目は、①を外表に合わせ、表面を手前にしてこま編みでつなぎ、続けて裏面の編み地の残り14目に引き抜き編みを編む。編み地を返して形を整える。

③ ガラスビーズとひもを付ける。ひもを二つ折りにしてガラスビーズを通し、裏面の指定の位置に通し、裏側で固結びする。

④ 同じものをもう1個編み、上の連結通し位置にひもを通してガラスビーズを通す。続けて下のひも通し位置に通し、裏側で固結びする。

〈裏面〉

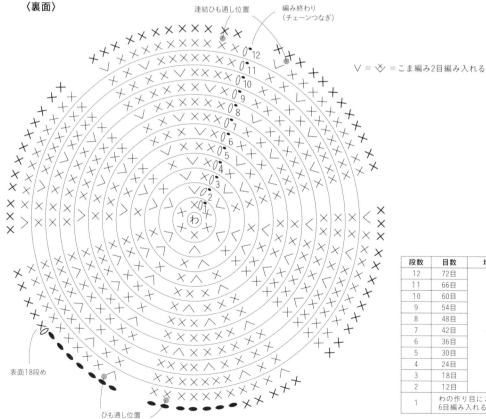

連結ひも通し位置
編み終わり（チェーンつなぎ）
∨ = ＼ =こま編み2目編み入れる
表面18段め
ひも通し位置

段数	目数	増減数
12	72目	
11	66目	
10	60目	
9	54目	
8	48目	
7	42目	＋6目
6	36目	
5	30目	
4	24目	
3	18目	
2	12目	
1	わの作り目にこま編み6目編み入れる	

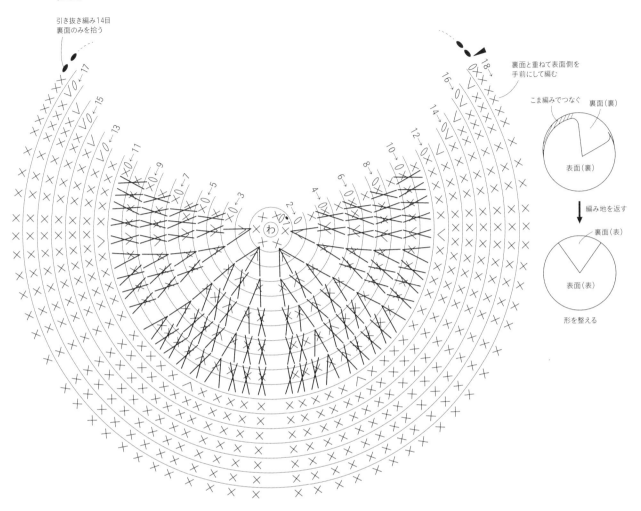

〈表面〉

引き抜き編み14目
裏面のみを拾う

裏面と重ねて表面側を
手前にして編む

こま編みでつなぐ

裏面（裏）

表面（裏）

編み地を返す

裏面（表）

表面（表）

形を整える

段数	目数	増減数
18	72目	＋14目
17	58目	
16	56目	＋2目
15	54目	
14	52目	
13	50目	
12	48目	
11	44目	
10	40目	
9	36目	＋4目
8	32目	
7	28目	
6	24目	
5	20目	
4	16目	
3	12目	
2	8目	＋2目
1	わの作り目にこま編み 6目編み入れる	

$\times$ ＝前段の目を編みくるみ
前々段の目にこま編みを編み入れる

V ＝ ＝前段の目を編みくるみ
前々段の目にこま編み2目編み入れる

ψ ＝ ＝前段の目を編みくるみ
前々段の目にこま編み3目編み入れる

◀ ＝糸を切る

〈でき上がり図〉

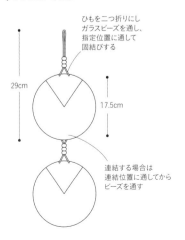

ひもを二つ折りにし
ガラスビーズを通し、
指定位置に通して
固結びする

29cm

17.5cm

連結する場合は
連結位置に通してから
ビーズを通す

ダーラナホースの編みぐるみ A・B [P.31]

[糸] A：ハマナカ エコアンダリヤ 白（1）18g、
　　　　ハマナカ ウオッシュコットン《クロッシェ》コバルトブルー（144）4g
　　　B：ハマナカ エコアンダリヤ コバルトブルー（901）18g、
　　　　ハマナカ ウオッシュコットン《クロッシェ》白（101）4g
[針] かぎ針 5/0号（本体）、2/0号（飾りモチーフとブレード）、とじ針
[その他] 手芸綿（ハマナカ ネオクリーンわたわた H405-401）各8g
[仕上がりサイズ] 図参照

[作り方]
①各パーツを編み図のとおりに編む。
②前足とうしろ足はそれぞれ同じ印同士を合わせて巻きかがり、足先に手芸綿を詰める。
③各パーツをつなげる。〈組み立て図〉を参照して同じ印同士を合わせ、手芸綿を詰めながら
　巻きかがり、スチームアイロンをかけて全体の形を整える。
④飾りを付ける。モチーフとブレードを編み、ブレードはボディに巻き背中側で固結びする。
　モチーフは背中に縫い付ける。

〈モチーフ〉ウオッシュコットン《クロッシェ》2/0号針

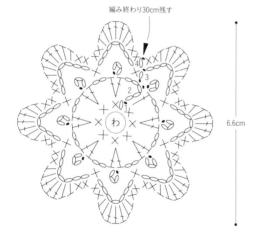

編み終わり30cm残す

6.6cm

〈ブレード〉
ウオッシュコットン《クロッシェ》2/0号針

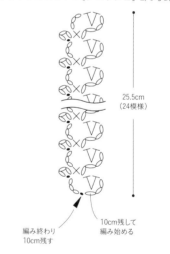

25.5cm
（24模様）

編み終わり
10cm残す

10cm残して
編み始める

〈組み立て図〉

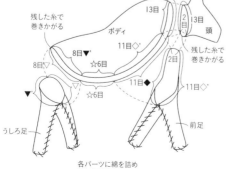

残した糸で
巻きかがる

13目

2目
2目

13目
頭

ボディ

11目◇'

残した糸で
巻きかがる

8目▼'

☆6目

8目▽

▽6目

☆6目

11目◆

11目◇'

▼

うしろ足

前足

各パーツに綿を詰め
同じ印同士を巻きかがる

〈でき上がり図〉

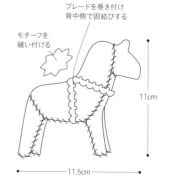

ブレードを巻き付け
背中側で固結びする

モチーフを
縫い付ける

11cm

11.5cm

〈ボディ〉エコアンダリヤ 5/0号針

編み終わり40cm残す

おしり側

うしろ足8目　　　　　うしろ足8目

☆6目　　　　　　　　　　　　　☆6目

前足11目　　　　　　　　　　前足11目

作り目
くさり編み5目

頭13目

頭側

∨ = ＝こま編み2目編み入れる
∨ = ＝こま編み3目編み入れる
◀ =糸を切る

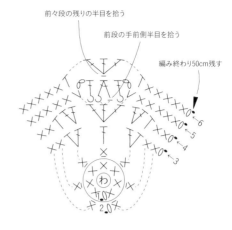

〈頭〉エコアンダリヤ 5/0号針

前々段の残りの半目を拾う

前段の手前側半目を拾う

編み終わり50cm残す

わ

〈前足〉エコアンダリヤ 5/0号針

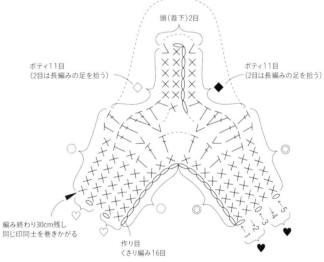

頭(首下)2目

ボディ11目
(2目は長編みの足を拾う)

ボディ11目
(2目は長編みの足を拾う)

編み終わり30cm残し
同じ印同士を巻きかがる

作り目
くさり編み16目

〈うしろ足〉エコアンダリヤ 5/0号針

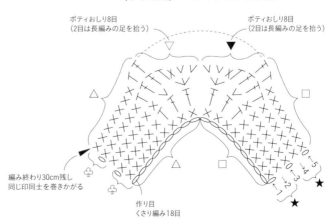

ボティおしり8目
(2目は長編みの足を拾う)

ボティおしり8目
(2目は長編みの足を拾う)

編み終わり30cm残し
同じ印同士を巻きかがる

作り目
くさり編み18目

25　26

ドレスアップツリー [P.31]

[糸] ハマナカ エコアンダリヤ　25:白(1) 40g、26:プラチナ(174) 30g
[針] かぎ針5/0号、とじ針
[仕上がりサイズ] 図参照

[作り方]

①本体を編む。編み始めの糸を25は2.6m、26は2m残してくさり編みで
　作り目をし、輪にして31段目(26は25段目)まで編む。リングこま編
　みは、糸を広げてから編む。

②最終段の手前半目に糸を通し、しぼり止めする。

③編み始めに残しておいた糸でバックこま編みの縁編みをする。

④リングが表に出るように裏返し、リング部分を一つずつ指で広げ、
　全体のバランスを整える。

〈26 本体〉

最終段の頭目
手前側半目に糸を通してしぼる

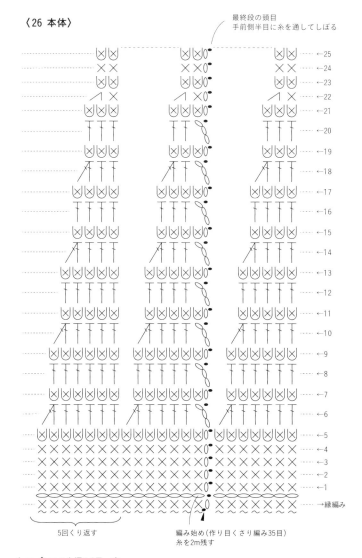

←25
←24
←23
←22
←21
←20
←19
←18
←17
←16
←15
←14
←13
←12
←11
←10
←9
←8
←7
←6
←5
←4
←3
←2
←1
→縁編み

5回くり返す

編み始め(作り目くさり編み35目)
糸を2m残す

〈でき上がり図〉

18cm

段数	目数	増減数
23〜25	10目	増減なし
22	10目	−5目
19〜21	15目	増減なし
18	15目	−5目
15〜17	20目	増減なし
14	20目	−5目
11〜13	25目	増減なし
10	25目	−5目
7〜9	30目	増減なし
6	30目	−5目
2〜5	35目	増減なし
1	くさりの作り目にこま 編み35目編み入れる	

∧ = ⋀ =こま編み2目一度

◀ =糸を切る

〈25 本体〉

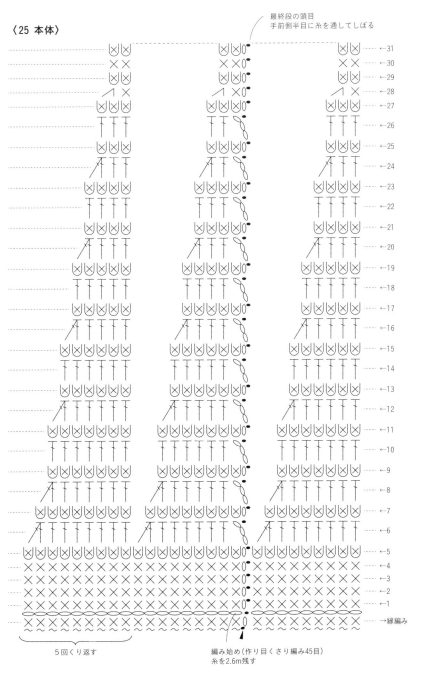

最終段の頭目
手前側半目に糸を通してしぼる

←31
←30
←29
←28
←27
←26
←25
←24
←23
←22
←21
←20
←19
←18
←17
←16
←15
←14
←13
←12
←11
←10
←9
←8
←7
←6
←5
←4
←3
←2
←1
→縁編み

5回くり返す

編み始め(作り目くさり編み45目)
糸を2.6m残す

∧ = 〤 = こま編み2目一度
◀ = 糸を切る

〈でき上がり図〉

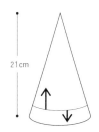

21cm

段数	目数	増減数
29〜31	10目	増減なし
28	10目	−5目
25〜27	15目	増減なし
24	15目	−5目
21〜23	20目	増減なし
20	20目	−5目
17〜19	25目	増減なし
16	25目	−5目
13〜15	30目	増減なし
12	30目	−5目
9〜11	35目	増減なし
8	35目	−5目
7	40目	増減なし
6	40目	−5目
2〜5	45目	増減なし
1	くさりの作り目にこま編み45目編み入れる	

サーカス小屋の小物入れ [P.35]

[糸] ハマナカ エコアンダリヤ チェリー(37) 83g、
オフホワイト(168) 55g、ブルー(20) 12g

[針] かぎ針8/0号、とじ針

[その他] 手芸用アルミワイヤー(直径2mm) H204-633 12.5cm、
フェルト 黄緑 6.5×3.5cm、ハマナカ 手芸用ボンド(H464-105)

[ゲージ] こま編み7目7段=5cm

[仕上がりサイズ] 図参照

[作り方]

糸は2本どりで編みます。

①底を編む。わの作り目にこま編みを7目編み入れ、10段目まで編む。

②本体の側面を編む。底から続けて11段目はこま編みのすじ編みをし、12段目からはメリヤスこま編み(P.58参照)で編み図のとおりに配色しながら19段目まで編む。

③ふたを編む。わの作り目にこま編みを6目編み入れ、8段目まで編む。9段目はこま編みのすじ編みをし、10段目からはメリヤスこま編み(P.58参照)で22段目まで編む。

④旗を付ける。〈旗の作り方〉を参照し、アルミワイヤーを巻き、ふたの中央に内側から差し込む。カットしたフェルトの内側に手芸用ボンドをつけ、ワイヤーを中心に挟み二つ折りにして貼り付ける。

〈本体 側面〉

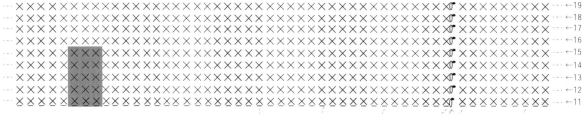

	=チェリー
▨	=ブルー
□	=オフホワイト

段数	目数	増減数
11～19	70目	増減なし
10	70目	
9	63目	
8	56目	
7	49目	
6	42目	+7目
5	35目	
4	28目	
3	21目	
2	14目	
1	わの作り目にこま編み7目編み入れる	

〈底〉

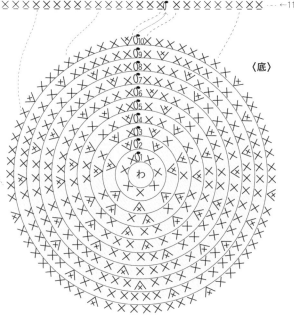

〈旗の作り方〉

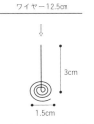

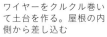

ワイヤーをクルクル巻いて土台を作る。屋根の内側から差し込む

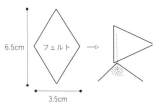

ワイヤーを挟んでフェルトを二つ折りにして、三角形になるようにボンドで貼り付ける

〈ふた〉

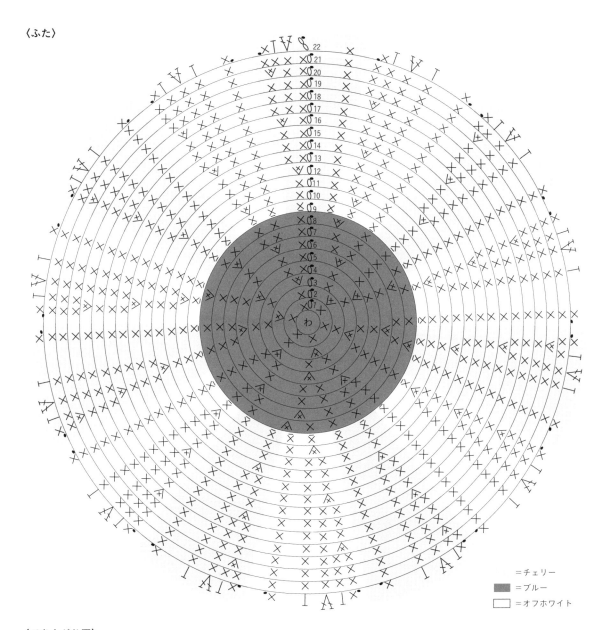

=チェリー

=ブルー

=オフホワイト

〈でき上がり図〉

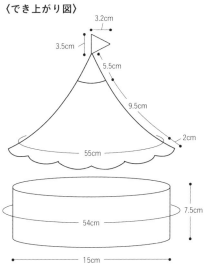

段数	目数	増減数
11	35目	増減なし
10	35目	+7目
9	28目	増減なし
8	28目	+4目
7	24目	
6	21目	
5	18目	+3目
4	15目	
3	12目	
2	9目	
1	わの作り目にこま編み 6目編み入れる	

段数	目数	増減数
22		縁編み
21	70目	増減なし
20	70目	+7目
19	63目	増減なし
18	63目	+7目
17	56目	増減なし
16	56目	+7目
15	49目	増減なし
14	49目	+7目
13	42目	増減なし
12	42目	+7目

HOW TO MAKE. 27

ハンギングメリー [P.34]

[糸] ハマナカ エコアンダリヤ 白（1）50g、レモンイエロー（11）50g、チェリー（37）50g、
　　ハマナカ ウオッシュコットン《クロッシェ》白（101）5g
[針] かぎ針5/0号（エコアンダリヤ）、2/0号（ウオッシュコットン《クロッシェ》）、とじ針
[その他] 手芸綿（ハマナカ ネオクリーンわたわた H405-401）25g、
　　　　 ワイヤー（直径1.6mm）60cm、セロハンテープ
[仕上がりサイズ] 図参照

[作り方]

① 傘を編む。1のパーツはくさり編み1目で作り目をし、13段目まで編み、糸を切らずに休ませておく。2のパーツ
　は糸を変え、同様に13段目まで編む。1と2のパーツを外表に合わせ、1のパーツの糸を使い14段目で編みつな
　ぐ。3〜6のパーツも同様に、反時計回りに6枚を編みつなぐ（P.83〈傘〉参照）。

② 傘の縁を編む。ワイヤーを5cm重ねて輪にし、セロハンテープで固定する。①で編んだ傘の目を拾い、こま編みで
　ワイヤーをくるみながら1段目を編む。続けて編み図のとおりに配色し、6段目まで編む（P.83〈傘の縁〉参照）。

③ ダーラナホースを2個編む。くさり編み5目で作り目をし、5段目まで編んだら二つ折りにする。手芸綿を詰めなが
　ら顔の手前まで引き抜き編みでとじる。続けて顔まわりを輪につなぎ、8段目まで編む。手芸綿を詰め、編み終わ
　りは二つ折りにして巻きかがる。ブレードを編み、巻き付けて背中で結ぶ。

④ 気球、風船、バスケットをそれぞれ編む。バスケットの7段目で糸をウオッシュコットン《クロッシェ》に変え、
　引き抜き編みで2カ所を風船とつなぐ（P.84〈気球〉参照）。

⑤ その他のパーツをそれぞれ指定の数作る。

⑥ 組み立てる。くさり70目を編みP.86の〈組み立て方〉を参照してパーツを通し、上下にループを作り固定する。トッ
　プ飾りを傘の上部にとじ針で縫い付ける。ウオッシュコットン《クロッシェ》60cmを6本、80cmを1本カットし、
　それぞれにモチーフを約15cm間隔で通し、固定する。モチーフを吊るした7本を中央のループと、傘の縁のフリル部
　分に結び付ける。

〈ダーラナホース〉（2個）

本体（1枚）チェリー

編み終わり15cm残す

引き抜きでとじる

作り目
くさり編み5目

ブレード
ウオッシュコットン《クロッシェ》白
2/0号針 1本どり

編み終わり10cm残す

14cm
（15模様）

10cm残して
編み始める

ブレードを巻き付け
背中側に端をとじ付ける

8cm

6.5cm

二つ折りにし
残した糸で
巻きかがる

6段め
二つ折りにし引き抜きでとじる

〈トップ飾り〉

3段目の編み終わり 30cm残す

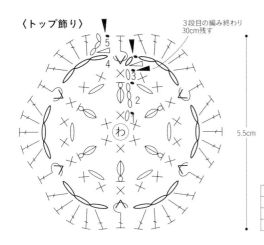

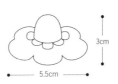

5.5cm

3cm

5.5cm

段数	配色
5	白
4	黄色
1～3	赤

〈傘〉（白、レモンイエロー、チェリー各2枚）

番号順に編む

18目　18目

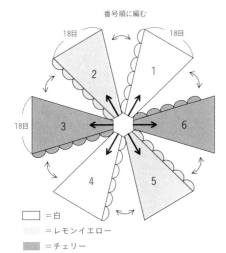

18目

□ ＝白
＝レモンイエロー
＝チェリー

∨ = ⋎ ＝こま編み2目編み入れる
◁ ＝糸を付ける
◀ ＝糸を切る

13段目まで編んだら一度糸を休め次の色の傘を編み、2枚を外表に重ね14目を編む

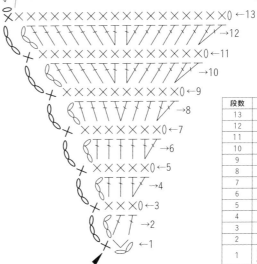

←13
→12
←11
→10
←9
→8
←7
→6
←5
→4
←3
→2
←1

段数	目数	増減数
13	18目	増減なし
12	18目	＋4目
11	14目	増減なし
10	14目	＋4目
9	10目	増減なし
8	10目	＋3目
7	7目	増減なし
6	7目	＋2目
5	5目	増減なし
4	5目	＋2目
3	3目	増減なし
2	3目	＋1目
1	くさり編みの作り目に こま編み2目編み入れる	

〈傘の縁〉

4cm

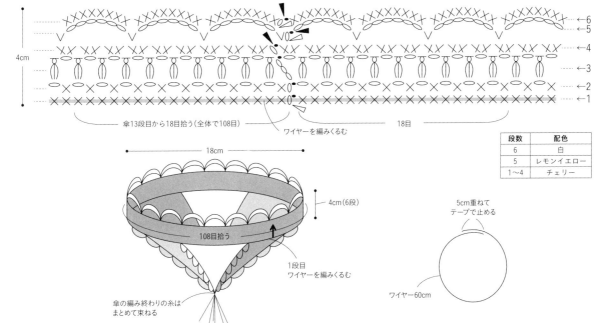

←6
←5
←4
←3
←2
←1

傘13段目から18目拾う（全体で108目）
ワイヤーを編みくるむ
18目

段数	配色
6	白
5	レモンイエロー
1～4	チェリー

18cm

108目拾う

4cm（6段）

1段目 ワイヤーを編みくるむ

傘の編み終わりの糸は まとめて束ねる

5cm重ねて テープで止める

ワイヤー60cm

〈気球〉（1個）

風船（1枚）チェリー

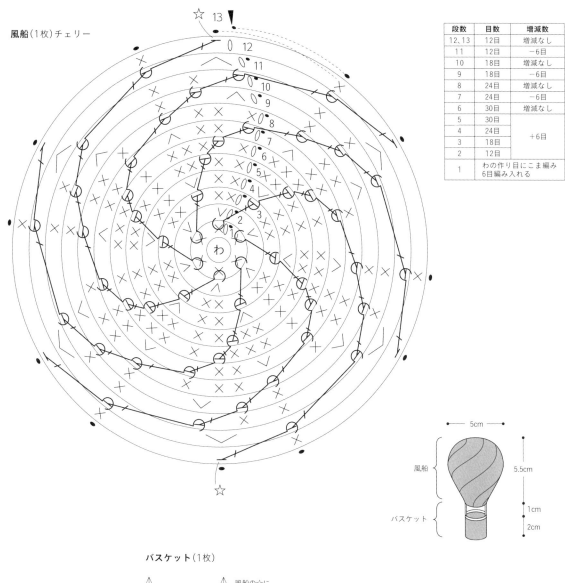

段数	目数	増減数
12、13	12目	増減なし
11	12目	−6目
10	18目	増減なし
9	18目	−6目
8	24目	増減なし
7	24目	−6目
6	30目	増減なし
5	30目	+6目
4	24目	
3	18目	
2	12目	
1	わの作り目にこま編み6目編み入れる	

5cm

風船

バスケット

5.5cm

1cm

2cm

バスケット（1枚）

5段目の向こう側半目を拾う

風船の☆に引き抜く

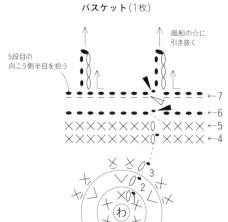

←7
←6
←5
←4
3
2
1
わ

段数	目数	増減数	配色・使用針
7	24目	図参照	ウオッシュコットン《クロッシェ》2/0号針
3〜6	12目	増減なし	チェリー・5/0号針
2	12目	+6目	
1	わの作り目にこま編み6目編み入れる		

〈星 大〉（3個）レモンイエロー

裏山を引き抜く

2段目までを2枚編み
手芸綿を詰めながら
3段目の引き抜き編みで
とじる

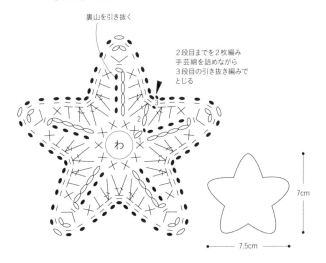

7cm

7.5cm

〈星 小〉（2個）レモンイエロー

2段目までを2枚編み
手芸綿を詰めながら
3段目の引き抜き編みで
とじる

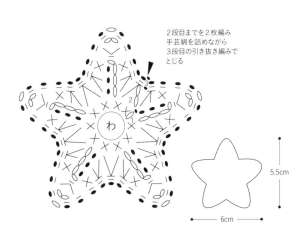

5.5cm

6cm

〈月〉（1個）レモンイエロー

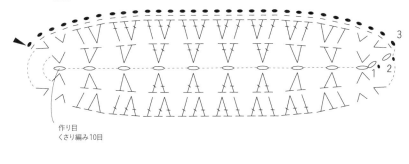

作り目
くさり編み10目

手芸綿

2段目まで編んだら
手芸綿を詰めながら
3段目の引き抜き編みで
とじる

6.2cm

5.2cm

〈雲〉（3個）白

2段目までを2枚編み
手芸綿を詰めながら
3段目の引き抜き編みで
とじる

作り目
くさり編み11目

4.5cm

7.5cm

〈ボール〉（7個）白、（3個）レモンイエロー

編み終わり30cm残し
手芸綿を詰めながら
上半円と巻きかがる

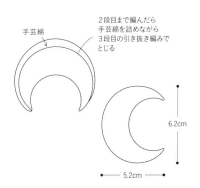

上半円

下半円

2.5cm

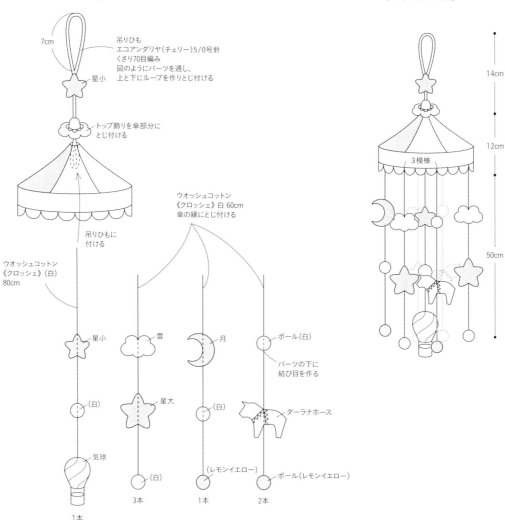

〈組み立て方〉

〈でき上がり図〉

7cm

吊りひも
エコアンダリヤ(チェリー)5/0号針
くさり70目編み
図のようにパーツを通し、
上と下にループを作りとじ付ける

星小

トップ飾りを傘部分に
とじ付ける

ウオッシュコットン
《クロッシェ》白 60cm
傘の縁にとじ付ける

吊りひもに
付ける

ウオッシュコットン
《クロッシェ》(白)
80cm

星小

雲

月

ボール(白)

パーツの下に
結び目を作る

(白)

星大

(白)

ダーラナホース

気球

(白)

(レモンイエロー)

ボール(レモンイエロー)

1本

3本

1本

2本

14cm

12cm

3模様

50cm

HOW TO MAKE. 29

フルーツの編みぐるみ パイナップル [P.36]

【糸】ハマナカ エコアンダリヤ オレンジ(98) 25g、グリーン(17) 15g

【針】かぎ針6/0号、とじ針

【その他】手芸綿(ハマナカ ネオクリーンわたわた H405-401) 30g

【ゲージ】模様編み3模様8段＝10cm

【仕上がりサイズ】図参照

【作り方】

①本体を編む。わの作り目に長編みを16目編み入れ、手芸綿を詰めながら17段目まで編む。

②とじ針に糸を通し、最終段の目に通してしぼる。

③本体から目を拾い、葉っぱを編む。

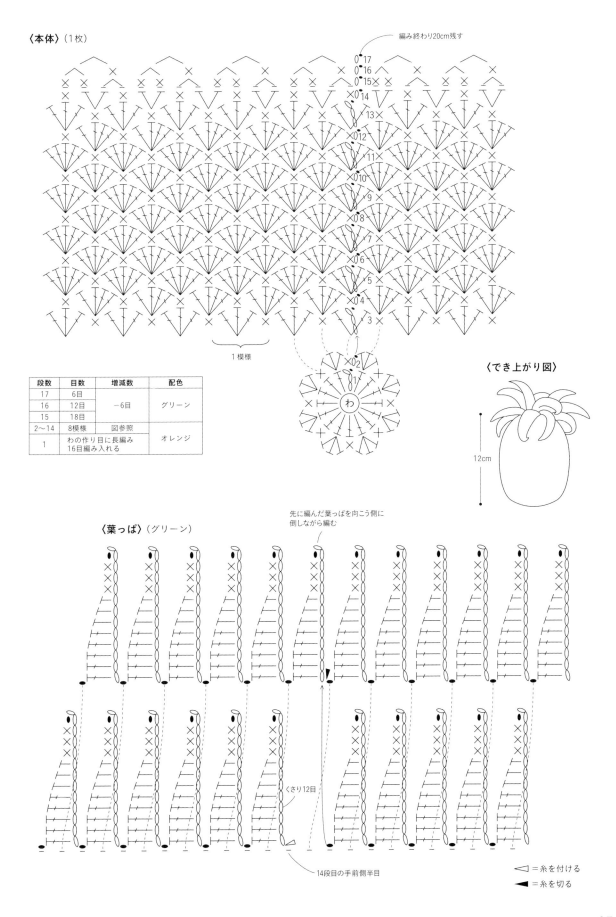

〈本体〉（1枚）

編み終わり20cm残す

1模様

段数	目数	増減数	配色
17	6目		グリーン
16	12目	−6目	
15	18目		
2～14	8模様	図参照	オレンジ
1	わの作り目に長編み 16目編み入れる		

〈でき上がり図〉

12cm

〈葉っぱ〉（グリーン）

先に編んだ葉っぱを向こう側に 倒しながら編む

くさり12目

14段目の手前側半目

◁ ＝糸を付ける

◀ ＝糸を切る

HOW TO MAKE. 30.31.32

フルーツの編みぐるみ
30 洋梨、31 りんご、32 レモン [P.36]

[糸] ハマナカ エコアンダリヤ
　30（洋梨）：ミントグリーン（902）18g、カーキ（59）少量
　31（りんご）：チェリー（37）16g、カーキ（59）少量
　32（レモン）：レモンイエロー（11）15g

[針] かぎ針6/0号、とじ針

[その他] 手芸綿（ハマナカ ネオクリーンわたわた H405-401）
　洋梨：15g、りんご：13g、レモン：14g

[ゲージ] こま編み18目19段＝10cm

[仕上がりサイズ] 図参照

[作り方]
①本体を編む。わの作り目にこま編みを6目（レモンは4目）編み入れ、手芸綿を
　詰めながら26段目（りんごは20段目、レモンは23段目）まで編む。
②とじ針に糸を通し、最終段の目に通してしぼる。洋梨とりんごは続けて本体
　中心に針を通し、編み始め側から出して糸を引き上部を凹ませる。
③洋梨とりんごはヘタを編み、凹ませた上部中央にとじ付ける。

〈洋梨 本体〉（1枚）ミントグリーン

編み終わり30cm残す

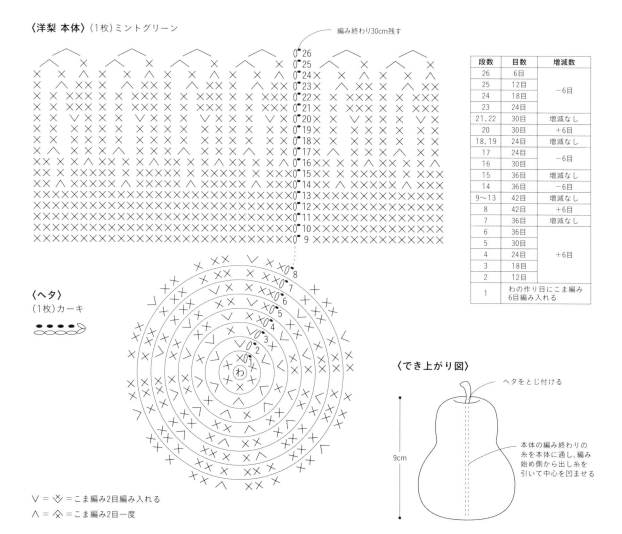

段数	目数	増減数
26	6目	
25	12目	−6目
24	18目	
23	24目	
21、22	30目	増減なし
20	30目	＋6目
18、19	24目	増減なし
17	24目	−6目
16	30目	
15	36目	増減なし
14	36目	−6目
9〜13	42目	増減なし
8	42目	＋6目
7	36目	増減なし
6	36目	
5	30目	
4	24目	＋6目
3	18目	
2	12目	
1	わの作り目にこま編み6目編み入れる	

〈ヘタ〉
（1枚）カーキ

〈でき上がり図〉

ヘタをとじ付ける

9cm

本体の編み終わりの糸を本体に通し、編み始め側から出し糸を引いて中心を凹ませる

∨ = ＞ = こま編み2目編み入れる
∧ = ＞ = こま編み2目一度

〈りんご 本体〉(1枚)赤

編み終わり30cm残す

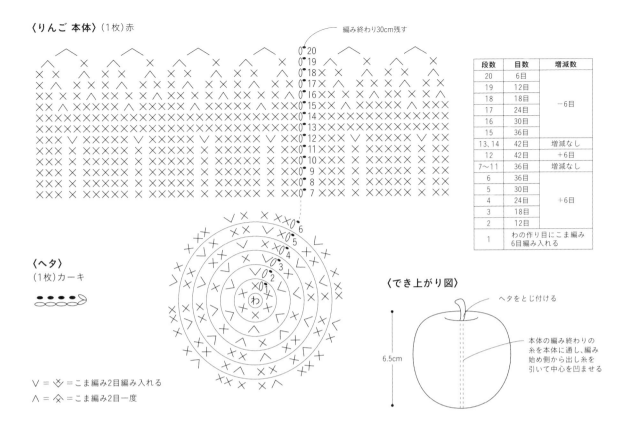

段数	目数	増減数
20	6目	
19	12目	
18	18目	−6目
17	24目	
16	30目	
15	36目	
13、14	42目	増減なし
12	42目	＋6目
7〜11	36目	増減なし
6	36目	
5	30目	
4	24目	＋6目
3	18目	
2	12目	
1	わの作り目にこま編み6目編み入れる	

〈ヘタ〉
(1枚)カーキ

∨ = ❤ =こま編み2目編み入れる

∧ = ❤ =こま編み2目一度

〈でき上がり図〉

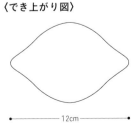

ヘタをとじ付ける

6.5cm

本体の編み終わりの糸を本体に通し、編み始め側から出し糸を引いて中心を凹ませる

〈レモン 本体〉(1枚)レモンイエロー

編み終わり30cm残す

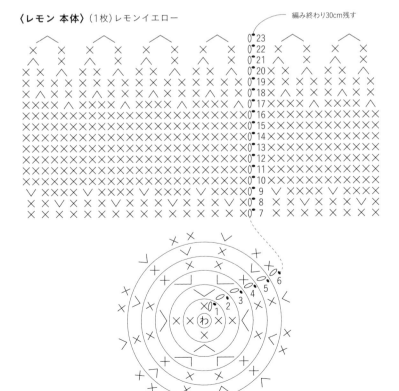

段数	目数	増減数
23	6目	−6目
22	12目	増減なし
21	12目	−6目
20	18目	
19	24目	増減なし
18	24目	−6目
17	30目	
10〜16	36目	増減なし
9	36目	＋6目
8	30目	
7	24目	増減なし
6	24目	＋6目
5	18目	
4	12目	増減なし
3	12目	＋6目
2	6目	＋2目
1	わの作り目にこま編み4目編み入れる	

〈でき上がり図〉

12cm

HOW TO MAKE. 33

トマトの重ねかご 大・中・小 [P.37]

[糸] ハマナカ エコアンダリヤ
　　大：チェリー(37) 50g、
　　　　グリーン(17) 5g
　　中：オレンジ(98) 35g、
　　　　グリーン(17) 5g
　　小：ミントグリーン(902) 30g、
　　　　グリーン(17) 5g
[針] かぎ針6/0号、とじ針
[ゲージ] こま編み19目22段＝10cm
[仕上がりサイズ] 図参照

[作り方]
①かごを編む。わの作り目にこま編みを6目編み入れ、
　22段目(中は17段目、小は15段目)まで編む。
②ふたを編む。わの作り目にこま編みを6目編み入れ、
　19段目(中は15段目、小は14段目)まで編む。
③ヘタを編む。わの作り目をし、模様編みで7段目まで
　編む(P.92参照)。
④各サイズのふたの、ヘタ縫い付け位置に③のヘタを
　縫い付ける。

〈中・かご〉オレンジ

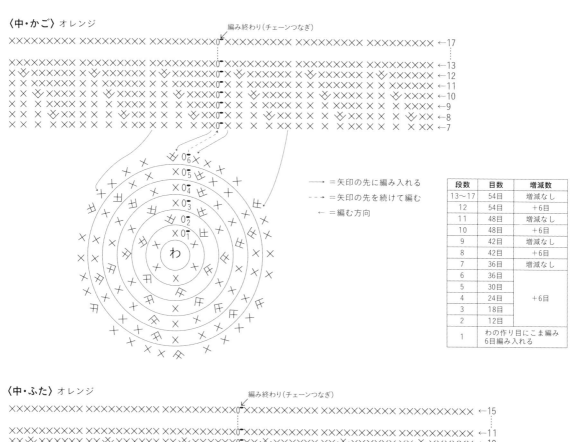

——→ ＝矢印の先に編み入れる
- - → ＝矢印の先を続けて編む
←　　＝編む方向

段数	目数	増減数
13〜17	54目	増減なし
12	54目	＋6目
11	48目	増減なし
10	48目	＋6目
9	42目	増減なし
8	42目	＋6目
7	36目	増減なし
6	36目	
5	30目	
4	24目	＋6目
3	18目	
2	12目	
1	わの作り目にこま編み6目編み入れる	

〈中・ふた〉オレンジ

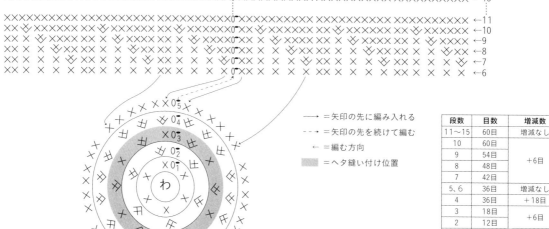

——→ ＝矢印の先に編み入れる
- - → ＝矢印の先を続けて編む
←　　＝編む方向
▨　　＝ヘタ縫い付け位置

段数	目数	増減数
11〜15	60目	増減なし
10	60目	
9	54目	＋6目
8	48目	
7	42目	
5、6	36目	増減なし
4	36目	＋18目
3	18目	＋6目
2	12目	
1	わの作り目にこま編み6目編み入れる	

〈**大・かご**〉チェリー

編み終わり（チェーンつなぎ）

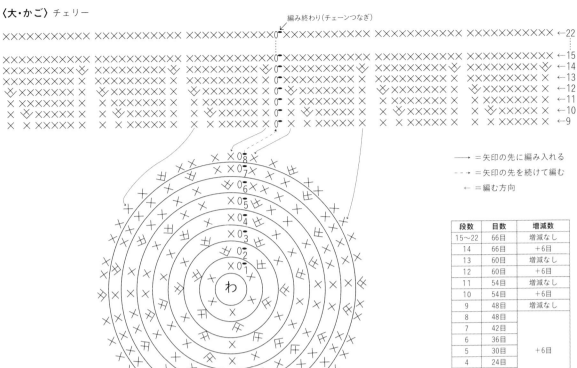

→ ＝矢印の先に編み入れる

---→ ＝矢印の先を続けて編む

← ＝編む方向

段数	目数	増減数
15〜22	66目	増減なし
14	66目	＋6目
13	60目	増減なし
12	60目	＋6目
11	54目	増減なし
10	54目	＋6目
9	48目	増減なし
8	48目	
7	42目	
6	36目	
5	30目	＋6目
4	24目	
3	18目	
2	12目	
1	わの作り目にこま編み 6目編み入れる	

〈**大・ふた**〉チェリー

編み終わり（チェーンつなぎ）

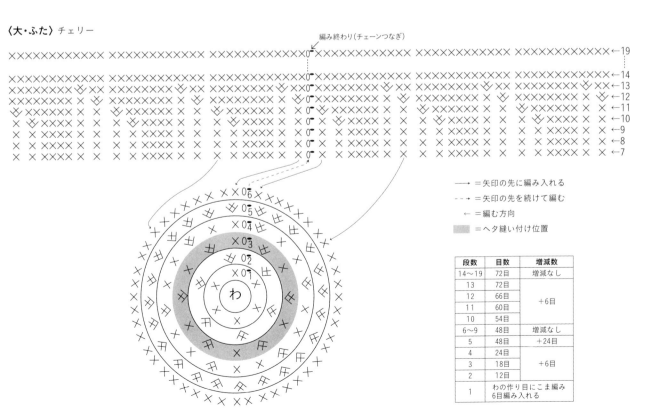

→ ＝矢印の先に編み入れる

---→ ＝矢印の先を続けて編む

← ＝編む方向

▨ ＝ヘタ縫い付け位置

段数	目数	増減数
14〜19	72目	増減なし
13	72目	
12	66目	
11	60目	＋6目
10	54目	
6〜9	48目	増減なし
5	48目	＋24目
4	24目	
3	18目	＋6目
2	12目	
1	わの作り目にこま編み 6目編み入れる	

〈小・かご〉ミントグリーン

編み終わり(チェーンつなぎ)

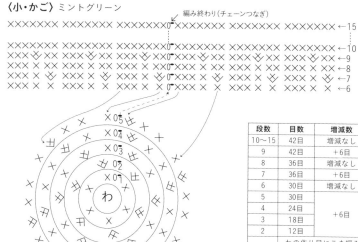

→ =矢印の先に編み入れる
--→ =矢印の先を続けて編む
← =編む方向

←15
←10
←9
←8
←7
←6

段数	目数	増減数
10〜15	42目	増減なし
9	42目	+6目
8	36目	増減なし
7	36目	+6目
6	30目	増減なし
5	30目	
4	24目	+6目
3	18目	
2	12目	
1	わの作り目にこま編み6目編み入れる	

〈小・ふた〉ミントグリーン

編み終わり(チェーンつなぎ)

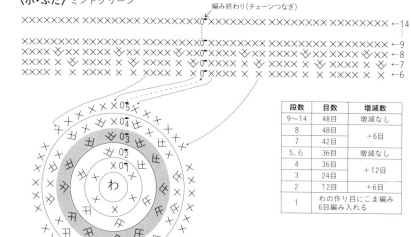

→ =矢印の先に編み入れる
--→ =矢印の先を続けて編む
← =編む方向
=ヘタ縫い付け位置

←14
←9
←8
←7
←6

段数	目数	増減数
9〜14	48目	増減なし
8	48目	+6目
7	42目	
5、6	36目	増減なし
4	36目	+12目
3	24目	
2	12目	+6目
1	わの作り目にこま編み6目編み入れる	

〈でき上がり図〉

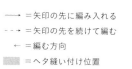

大

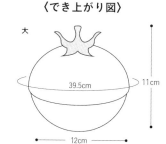

39.5cm
11cm
12cm

〈ヘタ 共通〉グリーン

編み終わり20cm残す

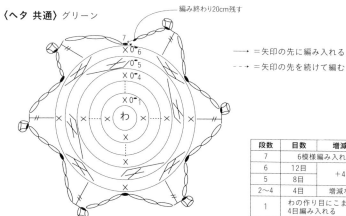

→ =矢印の先に編み入れる
--→ =矢印の先を続けて編む

段数	目数	増減数
7	6模様編み入れる	
6	12目	+4目
5	8目	
2〜4	4目	増減なし
1	わの作り目にこま編み4目編み入れる	

中

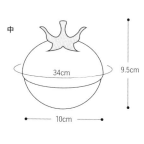

34cm
9.5cm
10cm

小

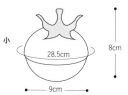

28.5cm
8cm
9cm

92

引き抜き編み
前段の目に針を入れ、糸をかけ引き抜く。

 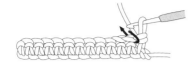  

くさり編み
針に糸を巻き付け、糸をかけ引き抜く。

こま編み
立ち上がりのくさり1目は目数に入れず、上半目に針を入れ
糸を引き出し、糸をかけ2ループを引き抜く。

すじ編み
前段の奥半目に針を入れ、
以降はこま編みと同じ。

立ち上がり1目　上半目に針を入れる。

こま編み2目編み入れる
同じ目にこま編み2目を編み入れる。

こま編み3目編み入れる
同じ目にこま編み3目を編み入れる。

 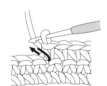  

2目　　1目増

こま編み2目一度
1目めに針を入れ糸をかけて引き出し、次の目からも糸を引き出し、糸をかけ3ループを一度に引き抜く。

   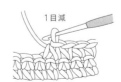

1目減

こま編みの裏引き上げ編み
前段の目の足を裏からすくい、こま編みを編む。

  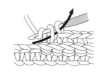

編み目記号表

バックこま編み

編み地の向きはそのままで、左から右へこま編みを編み進める。

 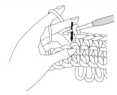  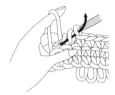 

リングこま編み

左手の中指で糸を下げたままこま編みを編む。裏側にリングができる。

    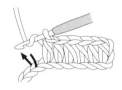

裏側

中長編み

針に糸をかけ上半目に針を入れ引き出し、さらに糸をかけ3ループを一度に引き抜く。

    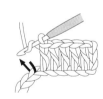

1回巻く

台の目　　立ち上がり2目

長編み

針に糸をかけ上半目に針を入れ引き出し、さらに糸をかけ2ループ引き抜くを2回繰り返す。

1回巻く

台の目　　立ち上がり3目

長々編み

針に2回糸をかけ前段の目に針を入れ、糸を引き出し、さらに1回糸をかけ2ループ引き抜くを3回繰り返す。

2回巻く　　　　　2　　　　　2　　　　　3

長編みの表引き上げ編み

前段の目の足を手前からすくい、長編みを編む。

中長編み2目一度

1目めに未完成の中長編みを編み、次の目にも未完成の中長編みを編み、5ループを一度に引き抜く。

 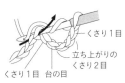  

中長編み2目編み入れる

同じ目に中長編み2目を編み入れる。

長編み3目編み入れる

同じ目に長編み3目を編み入れる。

 長編み2目編み入れる

同じ目に長編み2目を編み入れる。

   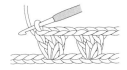

長編み2目一度

矢印の位置に未完成の長編みを2目編み、糸をかけ一度に引き抜く。

中長編み3目の玉編み

同じ目に未完成の中長編み3目を編み入れ糸をかけ、一度に引き抜く。

中長編み3目の変わり玉編み

中長編み3目の玉編み同様、未完成の中長編みを同じ目に3目編み入れる。
糸をかけ矢印のように引き抜き、さらに糸をかけ残りを引き抜く。

 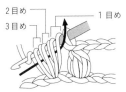  

編集	武智美恵
デザイン	黒羽拓明
撮影	島根道昌
制作協力	武内マリ
トレース	ミドリノクマ
校正	小鳥山いん子、ミドリノクマ
作品制作	andeBoo、河合真弓、小鳥山いん子 ミドリノクマ、Miya、Riko リボン
素材提供	ハマナカ株式会社 京都市右京区花園薮ノ下町 2 番地の 3 FAX 075-463-5159 ハマナカコーポレートサイト hamanaka.co.jp メールアドレス info@hamanaka.co.jp

かぎ針で編む生活用品と雑貨のアイデア

エコアンダリヤのインテリアクロッシェ

2024年5月17日　発　行　　　　　　　　　　NDC 594

編　　者	誠文堂新光社
発　行　者	小川雄一
発　行　所	株式会社 誠文堂新光社 〒 113-0033 東京都文京区本郷 3-3-11 電話 03-5800-5780 https://www.seibundo-shinkosha.net/
印　刷　所	株式会社 大熊整美堂
製　本　所	和光堂 株式会社

ISBN978-4-416-72359-3